말하지
않고
이기기로
했다

소통만능주의 사회에서 살아남는 법

말하지 않고 이기기로 했다

최명기 지음

SIGONGSA

들어가는 글

소통 밖에서 바라본 소통에 대해서 책을 쓰고 싶었다. 소통이 직업인 전문가는 무조건 소통이 답이라고 생각한다. 소통의 목적은 합의 도출을 위함이며, 이는 소통을 통해서만 가능하다고 주장한다. 그러다 보니 소통만 잘하면 무조건 해결이 된다고 생각하고, 합의가 안 되면 소통이 부족했기 때문으로 결론을 내린다. 그러나 소통 밖에서 바라본 세상은 그렇지 않다. 소통이 잘되어도 의견이 일치하지 않을 수 있다. 합의 없이도 당분간 나는 나대로 너는 너대로 살게 되었다면 그것은 잘된 소통이다.

실제로 우리가 살면서 한 합의 중에 소통으로 이루어지는 것은 많지 않다. 아주 당연해서 소통할 필요가 없는 일도 있다.

명령이나 지시인 경우 합의 자체가 필요 없다. 이런 현실을 반영하지 않은 강연이나 책을 보면 소통은 마치 만병통치약 같다.

나는 기존의 소통 관련 책과는 다르게 현실적이며, 실용적이며, 무엇보다 전투적인 책을 쓰고 싶었다. 실생활에서 사용하는 소통은 조화로운 합창이 아니다. 총만 들지 않았을 뿐, 소통은 전투에 더 가깝다. 이 책은 그 전투에서 '살아남는 것'을 목표로 한다. 그래서 책의 제목 "말하지 않고 이기기로 했다"가 탄생하게 되었다.

처음으로 책을 낸 것은 2007년이었다. 그 이후 심리, 트라우마, 걱정, 게으름, 열등감, 성인 ADHD, 자녀 양육, 자기 수용, 자기 독립, 병원 경영 등 다양한 방면으로 책을 냈다. 심지어 영화를 주제로도 썼다. 책이 나오면 서평이나 리뷰를 보게 된다. 그런데 책이 나쁘지는 않았으나 이미 아는 내용이 대부분이라는 반응을 접하고는 했다. 당시에는 '내 책이 어때서'라고 생각했었다. 그러나 요새 옛날에 쓴 책을 다시 읽어 보면 당시에 왜 그렇게 뻔한 생각을 했는지 얼굴이 후끈거릴 때가 적지 않다. 이 책을 쓰면서는 뻔한 내용을 쓰지 않겠노라 결심했다. 소통이라는 전투에서 살아남는 데 실질적으로 필요한 내용만 쓰겠다고 말이다.

현실에 눈떠야겠다고 깨닫게 된 것은 지금도 출연하고 있는 사건·사고 방송이 상당한 계기가 되었다. 실제로 벌어진 범죄나 사고를 시청자가 받아들일 수 있도록 설명해야 했다. 시간 관계상 그것도 빠르게 말이다. 또 라디오와 잡지를 통해서 지금 대한민국을 살아가는 사람들의 고민에 구체적인 해결책을 드려야 했던 것도 도움이 되었다. 해결책이 두리뭉실하면 라디오 작가나 잡지사 기자는 그냥 넘어가지 않는다. 조금 더 조금 더 현실적인 해결책을 제시해 달라고 요구받았다. 그때는 압박으로 느껴지기도 했지만 돌이켜 보니 매우 큰 도움이 되었다. 그 과정이 반복되면서 정신과 의사의 눈 말고 세상을 바라보는 다른 눈이 트이게 되었다.

학교 교사와 학원 강사들은 아이들을 대학에 보내는 것이 일이다. 공부를 잘해서 대학에 가는 게 목표가 아닌 수단일 뿐임을 모른다. 다른 수단을 선택하면 절대로 성공할 수 없다고, 그렇게 성공하는 것은 온전한 성공이 아니라고 한다. 군인은 전쟁만 방법으로 생각한다. 법조인은 소송만 방법으로 생각한다. 의사도 마찬가지다. 환자는 아프지 않기 위해서 병원에 오는 것이지 수술받기 위해서 오는 것이 아니다. 그러므로 환자를 잘 낫게 하는 의사가 성공하는 것이지 수술을 잘하는 의사가 성공하는 게 아니다. 수술 없이 환자를 고치는 의사가, 수술로만 환자를 고치는 의사보다 더 잘된다. 개인의 삶도 마찬가지다. 어떻게 하면 소통을 잘할까 고민할 필요 없이 그냥 잘 흘러가는 것이 가장 행복한 삶이다.

소통이 잘되는 세상보다 더 필요한 건 억지로 소통하지 않아도 저절로 굴러가는 세상일 것이다. 이 책은 소통을 잘하는 기술을 가르쳐 주는 책이 아니다. 밖에서 소통을 바라보면 소통 이전과 이후가 보인다. 이런 소통도 저런 소통도 보인다. 그런 의미에서 '소통 밖에서 바라본 소통 책'이다. '어떻게 해야 소통을 잘할 수 있을까' 하는 고민 자체를 해결하는 것이 어쩌면 이 책의 궁극적 목적이다.

전쟁에서 이길 수 있는 이가 대체로 외교에서도 이긴다. 전쟁을 피하기 위해서 외교를 하지만 힘이 없으면 외교가 불가능하다. 소통도 마찬가지다. 소통만을 유일한 방법으로 여기는 사람은 소통이라는 전투에서 살아남기 힘들다. 갈등을 해결하는 방법을 다 숙지하고 활용할 수 있는 사람은 소통을 몰라도 소통이라는 전투에서 생존할 수 있다. 이 책은 그런 의미에서 소통에 접근한다.

감히 바라건대 여태까지 나왔던 소통에 관한 책과는 전혀 다른 책이라고 독자분들이 느껴 주시기를.

차례

들어가는 글 • 5

1장 슬기로운 소통을 만드는 단어

소통: 소통이란 무엇인가 • 13
대화: 시간과 상황의 상호작용 • 17
균형: 올바른 소통을 위한 힘의 조화 • 25
끌림: 소통 인력의 법칙 • 32
자격: 상대가 부여하는 소통의 권리 • 38
진심: 진실이라는 말에 가려진 함정 • 44
권리: 소통의 두 얼굴, 대화와 침묵 • 51
거리: 관계를 지키는 마음의 안전거리 • 58

2장 조용한 사람이 이기는 소통법

말보다 침묵이 편한 당신에게 • 65
일상에서 사용하는 묵비권 • 71
누구도 내 마음을 알 수 없을 때 • 77
완전히 이해받기를 바라는 마음 • 84
우리에겐 감정을 지나올 권리가 있다 • 91
혼자만의 시간도 필요해 • 98
소극적인 사람의 사회생활 • 104
눈 좀 안 마주치면 어때 • 110
미안하다는 말을 내려놓는 연습 • 116

3장 대화가 답답한 사람을 위한 소통법

말 많은 사람과 말 잘하는 사람 • 125
말하고 싶지만 참아야 하는 순간들 • 132

소통의 독이 되는 관심의 역설 • 140
잔소리를 멈추면 • 151
하소연을 듣는 것도 힘든 일 • 158
모르겠다는 답을 존중하기 • 164
조심해야 하는 비호감 말투의 특징 • 170
소통 강박에서 자유로워지기 • 180

4장 어려운 사람에게서 나를 지키는 소통법

무례한 사람에게 대응하는 법 • 187
놀림과 조롱에 대처하는 법 • 194
선을 넘는 사람을 피하는 법 • 203
끝없이 요구하는 사람과 거리 두는 법 • 208
당당하게 부탁을 거절하는 법 • 214
가스라이팅을 직시하는 법 • 231
화부터 내는 사람에 대처하는 법 • 240
잘못을 인정하지 않는 사람을 대하는 법 • 249
때로는 복수가 마음을 치료하는 법 • 258

5장 건강한 관계를 만드는 소통법

별거 아닌 일이 중요하다 • 269
진정한 마음을 전하는 선물 • 274
싫어하는 행동을 하지 않기 • 280
왜 고맙다고 하지 않는 걸까 • 285
상대방의 마음을 얻는 단순한 비밀 • 292
설득과 해명보다 중요한 마음 • 298
누군가 손해 볼 수밖에 없을 때 • 306
존중받지 못하는 사람의 이유 • 311

나가는 글 • 325

 소통: 소통이란 무엇인가

'소통'이란 무엇일까? 우리는 흔히 소통을 대화로 착각한다. 말을 많이 할수록 소통을 잘한다고 생각한다. 하지만 그렇지 않다. 말이 많아도 소통이 안 되는 경우가 많다. '서로 통한다'는 뜻의 소통은 그보다 더 넓은 의미를 가지고 있다.

소통은 목적이 아니라 수단이다. 그러므로 소통보다 더 나은 방법이 있다면 그것을 선택해도 된다. 소통은 결과가 아닌 과정이다. 그러므로 합의가 도출되건 그렇지 않건 소통은 나름 의미가 있다.

소통으로 서로의 다름을 인식하고 둘 중 한쪽이 다시는 소통에 임하지 않기로 결심했다면, 한쪽에게는 최악일 수 있으나 다른 한쪽에게는 최상의 결과를 가져온 것이다. 소통으로 분노가 쌓이면서 그동안 참아 왔던 감정이 폭발하고 관계가 완전히 파열되었다면, 그 역시 한쪽에게는 최악일 수 있으나 다른 한쪽에게는 최상의 결과를 가져온 것이다.

소통은 의무가 아닌 선택이다

소통은 의무가 아닌 선택이다. 누구에게나 소통 안 할 권리가 있다. 나에게는 소통하지 않을 권리가 있다. 그리고 상대방에게도 마찬가지로 소통하지 않을 권리가 있다.

소통하기 힘든 이와는 하지 않아도 된다. 그 사람과의 관계에서 소통이 최선의 방법이라면 소통한다. 그 사람과의 관계에서 소통이 최악의 방법이라면 소통하지 않는다. 누구나와 소통할 의무는 없다. 모든 관계에서 소통이 효과적인 것은 아니다. 소통이 가능한 사람이 있고 아닌 사람이 있다. 소통이 불가능한 사람과 억지로 소통하려 하면, 소통이라는 전투에서 전사할 가능성이 높아진다.

몸과 마음이 소통하기 힘들 때는 안 해도 된다. 정신적, 육체적으로 소통이 가능한 상태가 있고 불가능한 상태가 있다. 소통은 상대방과 마주하는 일이기에 힘이 들어간다. 말하기조차 힘든 순간에는 내가 소통할 수 있는 상태인지 먼저 살펴야 한다.

소통이 가능한 때와 장소에서만 소통한다. 아무리 해도 의견이 받아들여지지 않을 때는 소통하지 않아도 된다. 소통이 불가능한 때와 장소를 구분해야 한다. 지금은 소통하지 않지만 나중에는 할 수도 있다. 여기에서는 소통하지 않지만 저기에서는 할 수도 있다.

소통이 좋은 것만은 아니다

소통은 무조건 좋은 것만 있는 것이 아니다. 소통에도 나쁜 점이 있다. 소통하는 과정은 때때로 느리고, 지루하고, 피곤하고, 짜증 난다. 소통하면 할수록 손해만 보기도 한다. 혼자 있고 싶을 때 억지로 소통을 강요받으면 소통은 지옥이 된다. 어떤 상황에서는 소통보다 명령과 지시가 편할 때도 있다. 따르는 입장에서도 때로는 그냥 무조건 시키는 대로 하는 것이 소통보다 나을 때가 있다. 현명한 이가 제대로 할 때는 지시가 더 낫다. 멍청한 이가 엉망으로 할 때는 막아야 한다. 힘으로 막으면 되겠지만 힘이 없다면 소통을 시도할 수밖에 없다.

소통은 시도해 볼 가치가 있다

그럼에도 불구하고 소통의 비법을 찾는 것은 하나도 나쁘지 않다. 절망보다는 비법을 찾는 것이 낫다. 죽을지도 모르는 병에 걸렸을 때 절망하고 곡기를 끊으면 그냥 죽을 것이다. 그런데 누군가 목숨을 되살릴 묘약을 가져온다고 생각하면 참고 견디게 된다. 견디다가 병이 그냥 낫기도 한다.

나쁜 것과 나쁜 것 사이에서 선택해야 할 때가 있다. 어느 것을 선택해도 끔찍하고 절망적이다. 그럴 때는 소통의 기적을 바라야만 한다. 소통의 심리적 수요가 있는 것이다. 소통 빼고는 다른 아무런 방법이 없을 때는 앞서 쓴 글을 전부 무시해야만 한다. 그리고 소통의 비법을 찾으면서 고난을 넘겨야 한다. 그렇게 절망이 지나간 후 앞선 글들을 다시 읽으면 된다.

 대화: 시간과 상황의 상호작용

대화는 흔히 '지금 이 순간'에 집중해야 한다고 말한다. 대화 전문가들은 과거나 미래를 끌어들이지 말고, 현재에만 집중할 때 문제가 해결된다고 주장한다. 그러나 대화는 결코 그렇게 단순하지 않다. 대화에는 지금을 넘어 과거와 미래의 흔적이 스며들어 있다. 이로 인해 현재의 대화는 복잡해진다.

시간은 소통의 세로축

대화의 세로축은 시간의 흐름이다. 어떤 사람과 대화를 나눈다고 해 보자. 상대방은 과거에 나를 힘들게 한 적이 있다. 처음에는 그 사실을 회피하려 할 것이다. 하지만 대화를 나누다 보면 상대방이 나를 대하는 태도가 과거의 기억을 떠올리게 한다. 나는 '이번에도 같은 문제가 반복되는구나' 하는 생각에 사로잡힐 수밖에 없다. 과거의 상처는 쉽게 잊히지 않기에, 나는 그 문제를 다시 꺼내야 할지 고민하고 때로는 직접 언급하기도 한다.

상대방은 과거의 불편한 이야기가 다시 나오는 것을 달가워하지 않는다. "왜 이제 와서 예전 이야기를 꺼내냐"라며 불리한 과거를 피하려 한다. 반면 자신에게 유리한 과거는 적극적으로 이용하며, 전에 잘해 준 일만 강조해 현재 상황을 무마하려 한다. 상대방은 "도대체 언제까지 그 이야기를 할 거냐"라고 되묻지만 그렇게 간단히 생각할 수 없다. 상처는 쉽게 지워지지 않고, 그 시간은 생각보다 훨씬 오래 걸리기 때문이다.

아무리 지금 잘하더라도 과거에 있었던 잘못을 잊는 데는 시간이 필요하다. 상처 입은 사람 입장에서는 상대방이 변했다는 것을 받아들이기도 시간이 걸린다. 예를 들어, 상대방이 10년 동안 잘못했는데 최근 1년간 잘했다고 해서 잘못이 금방 사라지는 것은 아니다. 단순한 산수로 계산하더라도 10년의 잘못을 상쇄하려면 앞으로 최소한 그만큼의 시간이 더 필요하다.

과거에는 잘했지만 지금 잘못을 저질렀을 경우에도 그렇다.

상대방은 그동안의 노력을 근거로 잘못을 눈감아 주기를 바랄지 모르지만, 나는 그렇게 생각하지 않는다. 과거의 좋았던 순간들은 그저 기억에만 머물 뿐이다. 이미 지나가 버린 시간이 지금의 잘못을 덮어 줄 수는 없다. 그때는 그때고 지금은 지금이다. 과거의 잘한 일이 순간의 기쁨을 남겼을지 모르지만, 지금의 잘못은 그 감정이 무색할 만큼 생생하고 고통스럽다. 그때의 기쁨은 희미하게 사라졌고 상처가 더 강렬하게 마음을 파고든다. 현재의 아픔은 과거의 기쁨을 백 배, 천 배, 아니 만 배나 압도할 정도로 강렬하다. 과거의 좋은 기억이 현재의 실수를 보상할 수 없다.

　　미래 역시 대화의 중요한 요소다. 대화에는 희망과 절망이 반영된다. 미래가 밝을지 어두울지에 대한 전망은 현재의 대화 태도에 깊이 스며든다. 만약 이 사람과 함께할 미래가 있다고 느낀다면 더 신중하게 접근할 수밖에 없다. 현재 어려움이 있더라도 미래가 보장되어 있다면 인내하게 된다. 반면 미래에 기대가 사라지면 대화는 전혀 다른 방향으로 흐른다. 함께할 미래가 없다고 생각되면 대화가 싸움으로 치닫는 상황조차 큰 문제가 아니라고 여길 수 있다. 관계가 끝날 것이 확실해지면 미래를 염두에 두고 조심할 필요도 사라진다. 예를 들어, 이혼을 결심하고 재판에 들어가면 서로를 인정사정없이 공격하기 시작한다. 폐

업을 앞둔 동업자는 서로 책임을 떠넘기며 자기 몫을 챙기기 위해 사소한 일도 치사하게 다툰다. 작은 갈등도 쉽게 폭발하는 것이다.

우리는 상대방을 대할 때 그의 과거와 현재 그리고 미래의 가능성을 모두 고려한다. 대화는 단순히 '지금'만의 문제가 아니다. 시간의 흐름 속에서 과거의 기억과 미래에 대한 기대가 자연스럽게 스며들어 현재의 대화에 깊이 영향을 미친다. 우리는 이러한 시간의 무게를 의식하고 대화에 임해야 한다.

상황은 소통의 가로축

세로축이 시간을 반영한다면, 가로축은 지금 일어나는 다양한 상황의 측면을 반영한다. 예를 들면, "너는 만사가 다 이런 식이야"라고 말할 때가 있다. 방을 치우지 않았다고 그 사람의 공부도 엉망이라고 단정 짓거나, 밥을 조금 늦게 먹었다고 모든 일에 느리다고 평가한다. 그러나 청소를 잘한다 해서 공부를 잘한다는 법은 없고, 밥을 늦게 먹는다 해서 모든 일에 느린 것도 아니다. 하나의 행동이 마음에 들지 않으면, 그 사람의 모든 행동이 마음에 들지 않는 것이다. 대화는 특정한 주제에 제한된 목적으로 이루어져야 하지만 현실은 모든 것이 연결되어 영향을 받는다.

우리는 어떤 사람이 한 가지 일을 잘하면 다른 것도 잘할 것이라 생각한다. 반대로, 한 번의 실수나 마음에 들지 않는 행동을 보면 다른 행동도 부정적으로 보게 된다. 하나의 사건으로 생긴 호감이나 불호감이 전체로 확장되는 것은 대화에서도 쉽게 드러나는 현상이다. 과거가 현재에 미치는 영향을 '편견'이라고 말한다. 그래서 대화 전문가들은 편견에 빠지지 않기 위해 오직 이 순간에 집중해야 한다고 주장한다. 그러나 인간은 똑같은 상황에서 비슷한 행동을 하게 마련이다. 그러므로 과거를 바탕으로 현재를 판단하는 것이 오히려 더 합리적일 수 있다.

미래의 이익 또는 손해 때문에 현재의 태도가 바뀌면 신의가 없거나, 약삭빠르거나, 이익만을 중시하는 행동이라고 비판한다. 하지만 미래가 현재에 영향을 줘야 방향성이 생긴다. 시간을 초월해 공정하게 행동하는 것은 인간에게 불가능하다. 시간이 흐르면서 일정 기간 반복적으로 상대방의 모습을 보면, 그 변화가 쌓여 현재의 인식에 영향을 미친다. 시간이 누적될수록 자연스럽게 상대방에 대한 생각도 달라진다. 미래 역시 이와 비슷하다. 현재부터 지속적으로 신뢰를 주면 미래에도 그 사람을 믿게 된다. 반대로 지금 믿음을 주지 않는 사람에게는 미래에도 기대를 걸기 어렵다. 현재부터 지속적으로 신뢰를 주면, 미래의 믿음도 함께 변화하게 마련이다.

가로축은 현재 상황의 복잡성을 반영한다. 흔히 겉모습이나 특성에 기반해 타인을 판단하는 것은 고정관념이니 피해야 한다고 말한다. 그러나 인간은 다양한 정보를 종합해 판단하는 능력을 지녔다. 우리는 공통점과 차이점을 인식하고, 하나의 단서에서 다른 것들을 유추할 수 있다. 물론 외모나 옷차림같이 눈에 보이는 요소만으로 상대를 판단하는 것은 성급하다. 하지만 여러 상황에서 동일한 패턴이나 특성이 반복적으로 나타나면, 그것은 신빙성이 있다고 볼 수 있다. 따라서 대화에서 한 가지 특성을 기반한 평가가 전체로 확대되는 현상은 자연스럽게 발생한다.

균형 잡힌 판단을 내리기 위해서

감정은 판단에 큰 영향을 미친다. 사람들은 감정에 휘둘리지 말고 이성적으로 판단하라 하지만, 상대방과 갈등이나 감정적 상처가 있는 상황에서 객관적으로 보는 것은 결코 쉬운 일이 아니다. 현재의 판단은 단순히 개인적 특성에 그치지 않고 다양한 맥

락과 감정에 영향을 받는다. 우리는 이러한 복잡한 요소들을 인식하고, 보다 공정하고 균형 잡힌 판단을 내리기 위해 노력해야 한다.

가로축과 세로축은 대화하는 사람에게 필요한 정보의 토대를 제공한다. 이 정보는 옳을 수도 있고 그를 수도 있다. 하지만 일관성과 예측 가능성을 마련하는 토대가 없다면 대화 자체가 불가능하다. 먼저 축이 구축되어야 대화에서 얻는 새로운 정보를 이용해 토대를 바꿔갈 수 있다.

가로축과 세로축을 무시하고 지금 이 순간에만 집중하는 대화는 존재할 수 없다. 어떤 대상과 아무 정보도 모르는 상태에서 문자로만 대화한다고 가정해 보자. 그런데 대화하는 동안 과거, 현재, 미래, 성별, 외모, 성격, 직업, 취미는 전혀 드러나지 않아야 한다. 나는 계속 상대방에 대해 아무것도 모르고, 상대방도 나에 대해 아무것도 모른다. 백지상태에서 대화가 이루어져야 한다. 감정도 없고 의미도 없는 그런 대화를 과연 대화라고 할 수 있을까? 단지 언어가 왔다 갔다 할 뿐이다.

'어떻게 말을 잘하는지에 대한 기술'을 대화법이라고 한다. 그러나 대화는 이미 시작하기 전에 상당 부분이 결정된다. 가로축과 세로축이 제공하는 정보를 토대로 대화의 큰 흐름은 이미 정해진다. 대화법이 영향을 미치는 부분은 극히 제한적이다. 따라서 대화에서 가장 중요한 것은 일관성과 예측 가능성이다. 행동이 예측할 수 없을 경우, 상대방은 어떻게 대화해야 할지 혼란스러워진다. 이러한 불확실성은 과거의 경험과 현재의 맥락으로 쌓아온 신뢰를 위협하고 대화의 흐름을 방해한다.

물론 변칙적인 행동을 통해 일시적인 이익을 얻는 경우도 있다. 그러나 장기적으로 보면, 일관성과 예측 가능성이 결여된 대화는 관계를 더욱 복잡하게 만든다. 현재의 대화가 불확실할 경우 과거의 부정적 기억이 되살아나고, 미래에 대한 기대도 흔들리며, 그 사람에 대한 신뢰 자체가 흔들린다. 따라서 우리는 대화에서 일정한 규칙과 패턴을 유지하며 상대방에게 안정감을 줄 수 있도록 노력해야 한다.

# 균형:
올바른 소통을 위한
힘의 조화

내가 맞으면 남이 틀려야 하고, 남이 맞으면 내가 틀려야 한다. 둘 다 맞을 수 있다는 생각은 쉽게 떠올리지 못한다. 더 나아가 둘 다 틀릴 수도 있다는 생각은 하지 않는다. 언제나 내가 옳고 상대방은 틀렸다고 믿다 보면 자연히 남의 말에 귀를 기울이기 어렵다. 상대의 말에 열린 마음을 가지기보다는 방어적으로 반응하게 되고, 대화는 경쟁의 장으로 변질된다. 항상 내가 옳다고만 생각하면 소통은 제대로 이루어질 수 없다. 결국 상대와의 관계마저 틀어지기 마련이다.

    소통이 부재할 때는 상대방이 문제라고 주장한다. 상대방이 진실을 밝히지 않거나 얘기를 귀담아듣지 않는다고 탓한다.

하지만 사람들이 내게 얘기하지 않고, 내 말에 귀 기울이지 않는 데는 분명 이유가 있다. 소통이 원활하지 않은 상황을 들여다보면 대개 양쪽 모두 귀가 닫혀 있다. 어느 한쪽이 더 막혀 있을 수는 있겠지만, 그 차이는 정도의 문제일 뿐이다.

나는 상대방의 말을 듣지 않고 그저 하고 싶은 말만 쏟아 내고 있지는 않은가? 내가 대화라고 믿는 것이 사실은 명령이나 훈계, 부탁이나 불평에 불과하지는 않은가? 올바른 소통을 위해서는 우선 나 자신을 돌아봐야 한다. 내가 소통의 주체로서 인정받을 만한 존재인지 스스로 생각해 봐야 한다.

소통에는 힘의 균형이 필요하다

소통은 평등한 소통과 불평등한 소통으로 나눌 수 있다. 닦달과 다그침은 하는 사람에게는 자신의 뜻을 전달하는 의미에서 소통이지만, 당하는 사람에게는 강제일 뿐이다. 따라서 이러한 상황은 불평등한 소통을 의미한다. 폭력, 고성, 욕설은 불평등한 소통에 동반되는 현상이다. 이러한 상황이 반복되면 상대방은 두려움에 사로잡힌다. 경제적, 성적으로 강제 수단을 한쪽이 소유하면 불평등한 소통이 더욱 심화된다. 특히 육체적 관계로 갈등을 해결하려는 시도는 일방적인 착각일 뿐이다. 상대방이 관계를 맺는 이유는 자신을 싫어할까 봐 걱정되거나 두려워서일 때가 많다.

    소통은 서로 동등한 힘을 가질 때 제대로 이루어진다. 한쪽이 막대한 힘을 가지고, 다른 쪽은 아무런 힘도 없을 때는 소통이 아닌 일방적인 지시나 강요가 이루어진다. 힘이 없는 쪽은 상대방이 원하는 대로 따를 수밖에 없다. 모든 권력을 쥔 상황에서 권력자는 국민과 소통하려 하지 않으며 필요성조차 느끼지 못한다. 권력자의 힘이 줄어들고 국민의 힘이 커져 상호 동등한 관계가 될 때에만 진정한 소통이 가능해진다. 이러한 원리는 학교, 직장, 모임, 공동체에서도 마찬가지다. 친구, 동료, 이웃, 또는 사업 파트너 간에도 힘의 차이가 지나치게 클 때는 대화가 왜곡되거나 단절될 수 있다. 이때 상대방의 의견을 존중하고 동등한 위치에서 대화하는 것이 소통을 원활하게 만드는 핵심이다. 그럼에도 힘의 차이가 지나치게 크다면, 나 혼자만 변화한다고 해서 소통이 원활해지지 않는다. 관계 내에서 힘의 균형이 잡혀야 비로소 진정한 소통이 가능하다. 가족처럼 가까운 관계에서도 서로가 동등한 위치에서 존중받아야 소통이 시작된다.

폭력은 소통과 공존할 수 없다

좁은 범위에서의 소통은 대화라고 할 수 있다. 서로를 존중하며 최대한 합의를 이루기 위해 대화할 때 좁은 범위에서의 소통이 이루어진다. 그러나 대화가 이루어지지 않고 싸움이 벌어지거나 관계가 단절되면 그 소통은 실패한 것이다. 또한 명령이나 강요, 설득도 일종의 소통일 수 있지만 이는 좁은 범위의 소통이 제대로 이루어지지 않았을 때 나타나는 결과다. 대화로 해결되지 않는 상황이 있다면 억지로 지속하기보다 다른 방법을 찾거나 대화를 잠시 중단하는 것이 더 현명하다. 대화가 언제나 답은 아니며, 때로는 침묵이나 거리 두기가 문제 해결의 실마리가 될 수 있다.

가정에서도 동일한 원리가 적용된다. 과거에는 밖에서 돈을 벌어 오는 가장이 모든 것을 지배했고, 그로 인해 가족 구성원 간에는 실질적인 소통이 이루어지지 않았다. 가장의 말이 곧 법이었고 다른 의견은 쉽게 무시되었다. 그러나 세상이 변하면서 가족 간의 소통 필요성이 더욱 커졌다.

그러나 가정 폭력이 있는 가정에서는 소통을 통한 가족 치료가 실질적인 도움이 되지 않는다. 부부 간의 소통이 원활하지 않을 때 이를 개선하여 대화를 이루는 것이 치료의 목적이지만, 폭력을 두려워하는 상황에서는 목적을 달성하기 어렵다. 예를 들어, 남편에게 맞을까 두려워하는 부인은 가족 치료 중에조차 제대로 말할 수 없다. 집에 돌아가면 치료 과정에서 나눈 불편한 대화를 빌미로 남편이 폭력을 행사하고 욕설을 퍼붓는데 치료가 어떻게 효과를 발휘할 수 있겠는가? 이렇게 불안과 공포가 일상화된 관계에서는 진정한 소통이 불가능하다. 치료에 앞서 남편이 법적으로 처벌받고 교정되는 것이 우선되어야 한다.

이때 좋든 나쁘든, 유리하든 불리하든, 서로의 의지를 관철하기 위해 이루어지는 모든 행위는 넓은 범위의 소통에 속한다. 학대자도 대화를 즐긴다. 걸핏하면 화내고 폭력을 행사하는 사람과의 대화는 얼음 위를 걷는 듯 아슬아슬하다. 학대받는 사람은 항상 학대자가 원하는 대로 대화를 이끌어 간다. 학대자는 자신이 원하는 것을 모두 얻는다. 피학대자는 두려움에 비위를 맞추는 것이지만, 학대자는 이를 소통이 제대로 이루어진 것으로 착각한다. 피학대자는 결코 그렇게 느끼지 않는다. 이럴 때 피학대자가 선택할 수 있는 유일한 대응은 침묵이나 탈출이다. 침묵과 탈출도 넓은 의미에서 소통의 방식이다. 그러나 학대자는 피학대자가 침묵하거나 탈출하면 대화가 단절되었다고 주장하며, 소통을 방해하는 쪽이 피학대자라고 비난한다. 이러한 논리에 굴복해 피학대자는 결국 자신의 잘못을 빌며 다시 대화를 이어

가게 된다.

　이들은 상대방을 두렵게 하려고 폭력을 휘두르면서, 정작 상대방이 두려워하면 "이 정도로 뭘 무서워하느냐"라며 비웃는다. 자신은 뒤끝 없는 사람이라며 상대방의 두려워할 권리마저 빼앗는다. 이들의 대화는 대화가 아닌 협박이다. 말로 반대 의견을 표현하면 "왜 나를 화나게 만드냐"라며 결국 폭력으로 이어진다. 그러나 폭력의 원인은 자신이 아니라 항상 상대방의 잘못이라고 주장한다. "뻔히 화낼 줄 알면서 왜 나를 화나게 만들었냐"라는 식이다. 대화를 피하면 대화를 피한다고 화내며 비난한다.

　평소 폭력적인 사람과는 대화 자체가 이미 정신적 폭력이다. 이들에게 대처할 방법은 폭력으로 맞서거나 탈출하는 것, 둘 중 하나다. 하지만 선한 이가 악한 이에게 똑같이 맞대응하는 것은 불가능하다. 그때 필요한 것이 바로 공권력이다. 공권력은 다르게 말하면 국가가 행사하는 폭력이다. 폭력을 행사하는 사람과는 대화가 필요하지도, 가능하지도 않다. 이들은 국가의 폭력으로만 제압될 수 있을 뿐이다.

　소통은 단순히 말로 이루어지는 것이 아니라 힘의 균형이 바탕이 되어야 한다. 대화가 불가능한 상황에서는 억지로 소통을 시도하기보다는 다른 해결책을 모색하거나, 필요한 경우 침묵으로 거리를 두는 것이 더 현명할 수 있다. 특히 폭력과 협박이 있는 관계에서는 소통이 아닌 제재와 보호가 우선되어야 하며, 이는 공권력이 개입할 때만 실현될 수 있다. 소통의 목적은 바람직한 관계를 구축하는 것이다. 이를 위해서는 때로 대화를 중단하고 힘의 균형을 회복하는 것이 중요하다.

끌림: 소통 인력의 법칙

자녀에게 연인이 생겼다. 결혼하겠다고 한다. 하지만 부모의 마음에는 들지 않는다. 부모는 자녀가 학벌도 좋고, 직장도 훌륭하며, 사회적 지위와 재산까지 우리 집안이 훨씬 우월하다고 생각한다. 그런데 무엇이 아쉬워서 이런 연애를 하는지 이해가 가지 않는다. 부모 입장에서는 두 사람 사이에 상응하는 가치가 오가지 않는 것처럼 보인다. 자신의 아들이나 딸이 아깝다는 생각이 든다. 하지만 자녀는 다르게 생각한다. 연인의 외모와 몸매가 출중해 자신이 가진 학벌, 직장, 집안으로는 그런 사람을 만나기 힘들다고 여긴다. 자녀의 입장에서는 자신이 오히려 더 부족하다고 느낀다. 부모는 자녀의 가치가 훨씬 더 높다고 생각하지만,

자녀는 외모의 매력도까지 고려해 서로 통하는 가치를 주고받는다고 생각한다.

끌림이란 상응하는 가치를 주고받는 것

상응하는 가치가 꼭 돈이나 외모같이 눈에 보이는 것만을 의미하는 것은 아니다. 단순히 웃고 이야기하며 시간을 보내는 것만으로도 가치는 충분히 오갈 수 있다. 많은 사람들이 간과하는 요소 중 하나가 '재미'다. 예를 들어, 친한 친구가 이해되지 않는 사람과 어울리는 모습을 볼 때가 있다. 왜 그런 사람과 시간을 보내는지 도무지 알 수 없지만, 친구는 그 사람과 함께 있으면 재밌다고 말한다. 나는 친구의 이야기를 전해 듣기만 할 뿐, 직접 경험하지 않았으니 그 재미를 온전히 이해할 수 없다. 그래서 친구가 그 사람과 어울리는 이유가 쉽게 납득되지 않는다. 그러나 친구에게는 그 시간이 분명한 즐거움인 것이다.

내가 재미있게 얘기할 때 상대방이 무심하게 반응한다면 의사소통의 흐름은 금세 끊어지기 마련이다. 말하는 사람이 있으면 듣는 사람이 필요하고, 듣는 사람이 있으면 말하는 사람도 있어야 한다. 어떤 목적도 없이 허물없이 나누는 대화야말로 상응하는 가치가 자연스럽게 오가는 완벽한 소통을 이룬다. 지구의 모든 사물에 만유인력의 법칙이 작용하듯, 인간의 모든 소통에도 일종의 '소통 인력疏通 引力' 법칙이 작용한다. 이 법칙은 상응하는 가치가 서로를 끌어당긴다는 것이다. 겉으로 보기에는 가치가 오가지 않는 것처럼 보일 때도 있다. 한쪽이 더 기운 듯 느껴질 때가 바로 그 경우다. 하지만 그럴 때도 두 사람 사이에는 다른 사람에게 보이지 않는 무언가가 흐르고 있다.

균형이 깨진 관계는 위험하다

서로 원하는 가치가 제대로 오가지 않으면 마치 몸에 맞지 않는 옷을 입은 것처럼 상대방이 불편하게 느껴진다. 그런 경우, 특별한 사정이 있지 않는 한 관계는 오래 지속되기 어렵다. 내가 부족한 점을 보충하기 위해 억지로 상대방에게 더 하려 해도 결국 한계가 있다. 마치 비탈길에서 굴러 내려오는 바위를 손으로 잠시 막고 서 있을 수는 있지만, 조금만 한눈을 팔면 결국 굴러떨어지는 것과 같다. 이처럼 항상 상대방을 의식해야 하는 관계는 나를 지치게 한다. 바위가 나를 덮치듯이 심리적 중압감이 나를 덮쳐서 더 이상 관계를 유지하지 못하게 된다.

그래서 어떤 사람은 자신의 가치를 낮게 생각할 때 상대방의 가치를 깎아내리려 한다. 마치 어떤 물건을 사고 싶은데 가격이 비싸서 살 수 없을 때, 그 물건의 흠을 찾아내 투덜거리는 것과 같다. 주인은 물건이 그만한 가치를 지녔기 때문에 그 가격을 매겼다고 말하지만, 고객은 물건의 흠을 지적하며 값을 깎으려는 것이다. 만약 주인이 내심 높은 가격을 불렀다면 결국 가격을 낮춰 팔 것이다. 하지만 그것은 고객의 트집이 옳다고 생각해서가 아니라, 원래 가격을 깎을 의도가 있었기 때문이다. 고객의 지적은 명분이었을 뿐이다. 그러나 어떤 주인은 오히려 화를 내며 그 가격에는 물건을 팔지 않겠다고 하기도 한다. 거래가 깨져도 트집을 잡은 고객에게는 심리적 이익이 남는다. 어차피 하자가 있는 물건이니 안 사기를 잘했다고 스스로 위로하며 정신 승리를 할 수 있기 때문이다.

관계에서도 마찬가지다. 상대방이 나보다 더 가치 있는 존재라고 느끼면 뭔가 더 해 줘야 할 것 같은 압박을 느낀다. 하지만 그러기 싫을 때는 상대방의 단점을 지적한다. 이미 충분히 날씬한 사람에게 살이 쪘다며 더 빼라고 하고, 이미 친절한 사람에게 공감 능력이 부족하다고 비난한다. 깎아내리고 비난하는 사람 입장에서는 이런 전략이 먹히는 것처럼 보인다. 하지만 상대방은 그런 비난에 화가 난다. 그럼에도 불구하고 참는 이유는 다른 곳에 있다.

　비난하는 사람은 자신이 인식하지 못하는 가치가 상대방에게 제공되고 있다는 사실을 깨닫지 못한다. 관계가 유지되는 것은 상대방이 비난 속에서도 그 가치를 느끼기 때문이다. 그러므로 상대방을 깎아내리기보다는 자신이 모르는 가치를 발견하고 키우는 것이 더 좋은 방법이다. 비난과 폄하로 고통이 누적되어 어느 순간 상대방이 받는 상처가 관계에서 얻는 도움을 넘어서면, 결국 그 관계는 파열되고 종료된다.

보이지 않는 소통의 물리 법칙

$E=mc^2$는 물리학에서 잘 알려진 공식이지만, 소통에서는 다른 의미로 쓰일 수 있다. 여기서 E는 에너지, 즉 소통하고자 하는 동기를 의미한다. M은 물질적인 혜택인 돈을 뜻하고, C는 격려와 이해를 뜻한다.

　이 C(격려)는 이중적이다. 돈을 적게 받으면 에너지가 떨어지고, 돈을 많이 받으면 에너지가 올라간다. 하지만 돈으로도 해결할 수 없는 것이 있다. 예를 들어, 욕설이나 폭력을 당하면 아무리 많은 돈을 받아도 관계를 이어 갈 수 없다. 이는 C가 마이 너스로 작용하는 경우다. 물론 돈을 더 주는 것도 중요하지만, 격려와 칭찬이 더해지면 동일한 금액이라도 더 큰 효과를 발휘한다. 중요한 것은 돈과 격려의 효과적인 조합을 찾는 것이다.

인간은 누구나 타인으로부터 사랑받고 싶어 한다. 사랑은 E(에너지)와 같다. 사랑을 얻기 위해서는 M(물질적 혜택)이나 C(격려) 중 하나를 이용해 상응하는 가치를 제공해야 한다. M에 해당하는 돈을 주거나 선물을 주는 것도 사랑을 얻는 방법 중 하나다. 그러나 C에 해당하는 부분이 0이라면, 아무리 M을 많이 제공해도 사랑을 얻을 수 없다. 반대로 상대방에게 전혀 도움 되지 않고 매번 이용만 하며 손해를 끼친다면, 아무리 C에 해당하는 부분을 극대화하더라도 사랑을 얻기는 어렵다.

내가 좋아하는 사람이 나를 싫어하고, 내가 인정받고 싶은 사람이 나를 인정하지 않는다면, 그 감정 역시 E다. 미움을 줄이기 위해서는 M 또는 C가 변해야 한다. 만약 누군가에게 계속해서 물질적 손해를 끼치면 그 사람은 나를 싫어하게 된다. 최소한 손해는 주지 않아야 미움이 줄어든다. 또한 그 사람이 싫어하는 일만 골라서 하며 고통을 준다면 그 사람이 나를 싫어하는 것은 당연하다. 싫어하는 행동을 줄이고 상대방의 입장에서 그들이 원하는 대로 행동해야 한다. 사랑받고 싶은 사람이 약자이며, 인정받고 싶은 사람 역시 약자다.

자격:
상대가 부여하는
소통의 권리

우리는 누구나 자신에게 소통할 자격이 있다고 생각한다. 그리고 타인은 당연히 나와 소통할 의무가 있다고 여긴다. 하지만 소통의 자격은 스스로 정하는 것이 아니라 상대방이 부여하는 것이다. 집에서는 부모라는 이유로, 학교에서는 성적이 좋다는 이유로, 직장에서는 상사나 선배라는 이유로, 사회에서는 나이가 많거나 돈이 많다는 이유로 당연히 소통할 자격이 있다고 생각하지만 상대방은 그렇게 여기지 않는다.

평소에 자녀와 깊은 이야기를 나누지 못하던 부모가 있었다. 대화를 시도하려 할 때마다 자녀는 슬쩍 피하곤 했다. 그러던 어느 날, 부모가 술을 마시고 늦게 들어와 자녀와 이야기하고 싶어졌다. 자녀가 아직 깨어 있는 듯해 방을 두드리며 불러냈고 자녀는 마지못해 나왔다. 부모는 평소에 하지 못했던 말을 시작한다. 자녀는 억지로 졸음을 참으며 듣는다. 이내 자리를 뜨려 하자 부모는 아직 할 말이 끝나지 않았다고 붙잡는다. 부모는 자신에게 소통할 자격이 있다고 생각하지만 자녀는 그렇게 느끼지 않는다. 아무리 좋은 말이라도 술에 취해 이야기하면 자녀에게는 그저 술주정으로 들릴 뿐이다.

사랑하는 사이에서도 상황은 비슷하다. 자신이 말하면 상대가 들어 주는 것이 소통이라고 여긴다. 이런 경우 중간중간 상대방의 말을 듣긴 하지만 사실은 자기 이야기를 하기 위해서일 때가 많다. 상대방의 말을 듣지 않는다는 비난을 피하기 위한 의도도 있다. 이런 사람은 기본적으로 자신이 말하고 상대가 듣는 것을 당연하게 여긴다 소통의 자격이 자신에게 있다고 생각한다. 상대의 말을 받아들일지 말지는 자신이 결정할 일이라 여기면서도, 상대는 내 말을 수용해야 한다는 은근한 기대를 품는다. 상대가 받아들이지 않더라도 화를 내지는 않는다. 단지 소통하는 모습을 보이고 싶을 뿐이다. 그러나 자신의 말이 옳다는 믿음은 여전히 굳건하다.

우월함을 소통의 자격으로
착각하는 사례들

지위가 높은 사람은 자신에게 소통할 자격이 있다고 여긴다. 엘리베이터나 복도, 구내식당에서 직원에게 말을 건네며 스스로 소통에 능한 사람이라고 자부한다. 그러나 직원의 입장에서 그 대화는 오히려 짜증을 불러일으킬 뿐이다. 이처럼 지위와 경험의 차이는 소통의 자격을 좌우한다고 생각하게 만든다.

선생는 학생과 소통할 권리가 자신에게 있다고 믿는다. 학생을 불러 이것저것 이야기하는 것이 선생의 의무라 생각한다. 학생은 아직 아무것도 이루지 못한 존재이고, 선생은 남을 가르칠 자격을 힘들게 얻었기에 소통할 자격이 당연히 주어졌다고 여긴다. 하지만 학생들 눈에 선생은 그저 선생일 뿐이다. 자신은 앞으로 더 훌륭하고 멋진 존재가 될 것이라고 생각하기 때문에 선생의 생각을 그대로 받아들이려 하지 않는다.

오랜 인생 경험을 지닌 이들은 자신의 이야기를 젊은 세대와 나눌 자격이 있다고 생각한다. 하지만 젊은 세대는 그 경험이 과거에만 유효하다고 여긴다. 지금 시대와는 맞지 않다고 느끼기 때문이다. 반대로 젊은 세대 또한 자신들이 나이 든 세대에게 들려줄 이야기가 있다고 생각한다. 그러나 나이 든 세대는 그 이야기에 귀를 기울이기보다는 버릇없다고 여길 때가 많다.

부자는 가난한 사람과 소통할 권리가 있다고 여긴다. 어떻게 부자가 되었는지를 알려 줄 자격이 있다고 생각하기 때문이다. 가난하게 사는 이들에게 '이렇게 해라', '저렇게 해야 한다'고 조언하며 그들의 방법이나 태도에 문제가 있다고 본다. 그러나 가난한 이들은 이를 자랑이나 편견으로 여긴다. 그들에게 부자는 단지 운이 좋았거나 부모를 잘 만났을 뿐이다. 가난한 이들의 눈에는 그런 부자가 세상의 불공평함을 상징하는 존재로 보인다.

학교 다닐 때 성적이 좋았던 이들은 자신보다 공부를 못했던 사람과 소통할 자격이 있다고 생각한다. 고등학생 때 성적이 좋았던 이들은 선망의 대상이었고 학교에서도 인정하는 분위기였다. 그들은 고등학교 졸업 당시의 성적이 평생 유효하다고 여기며, 동창을 만나면 여전히 자신의 말을 다른 이들이 들어야 한다고 생각한다. 사회생활에서도 마찬가지다. 자신보다 공부를 못한 이는 자신의 말을 들어야 한다고 여긴다. 하지만 상대방은 그렇게 생각하지 않는다. 성적에 의한 평가는 학교를 졸업하면서 끝났다. 과거에 성적이 좋았다는 이유만으로 자신의 의견이 옳다고 주장하는 것은 그저 잘난 척으로 비칠 뿐이다. 이처럼 성적이나 성취로 자신을 우월하게 여기는 태도는 관계에서 오히려 소통을 가로막는다.

정신과 의사는 자신에게 소통할 권리가 있다고 생각한다. 그러나 환자는 그렇게 여기지 않는다. 의사가 환자를 보며 판단하듯이, 환자도 의사를 보며 그가 이야기를 들어 줄 사람인지 판단한다. 환자에게는 말하지 않을 권리, 의사의 충고를 듣지 않을 권리가 있다. 이러한 권리를 인정하는 의사에게만 환자는 소통의 자격이 있다고 느낀다. 자신의 말을 반드시 수긍하고 따라야 한다고 생각하는 의사는 오히려 소통의 자격이 없다고 느낀다. 마음속 이야기를 무조건 털어놓아야 한다고 생각하는 의사에게는 환자가 오히려 입을 다문다. 그런 의사일수록 자신의 기준으로 환자를 판단하기 때문이다. 오히려 소통의 권리를 내려놓은 의사에게 환자들은 진정한 소통의 자격이 있다고 생각한다. 소통이란 상대의 권리를 존중할 때 비로소 이루어진다.

소통의 자격은
상대방이 부여하는 것이다

어떤 분야에서든 사람은 자신이 우월하다고 느낄 때 소통할 자격이 자동으로 부여된다고 생각한다. 그러나 내가 우월하다고 해서 상대방이 나를 그렇게 인정하는 것은 아니다. 상대방이 직접 말하지 않는 한, 그들이 나를 우월하게 보는지 혹은 별것 아니라고 생각하는지 알 수 없다. 설령 내가 우월하더라도 그것이 곧 소통의 자격을 의미하는 것은 아니다.

세상에 모든 면에서 완벽한 사람은 없다. 외모가 빼어나고, 체형이 좋으며, 공부도 잘하고, 집안도 부유하고, 목소리와 직업, 성격까지 완벽하고, 온라인 게임이나 노래, 운전까지 잘하며, 세상 물정에도 밝고, 남의 말을 경청하며 쓸데없는 말을 하지 않는 사람은 존재하지 않는다. 우리는 스스로 잘하는 부분을 근거로 소통할 자격이 있다고 믿는다. 그러나 상대방은 나의 부족한 면을 보고 소통의 자격을 박탈하려 한다.

따라서 진정한 소통을 위해서는 소통의 자격을 당연시하지 않는 것이 바람직하다. 자녀든 연인이든, 학생이든 직원이든, 후배든 환자든, 경험이 있든 없든, 나이가 많든 적든, 누구나 나와 소통하지 않을 자격이 있다. 자격은 내가 스스로에게 부여하는 것이 아니라, 상대방이 나에게 부여하는 것이다. 상대가 소통을 허락하지 않는다면 그 사실을 있는 그대로 받아들여야 한다. 내가 소통할 자격이 있다고 여겨 상대방에게 강요한다면, 그것은 소통이 아닌 일종의 폭력으로 변질된다. 결국 소통의 진정한 자격은 상대방이 허락할 때에만 비로소 존재한다.

진심:
진실이라는 말에
가려진 함정

진정한 대화라는 말을 흔히 사용한다. 진정한 대화란 거짓이 없고, 감추는 것이 없어야 가능하다고들 한다. 하지만 실제로 대화할 때는 대부분 특정한 목적이 있다. 설득하기 위해, 협상하기 위해, 때로는 명령하기 위해 대화한다.

겉으로는 대화처럼 보이지만 실제로는 명령자가 부드러운 말투로 명령을 포장할 때는 결국 상대방이 따르겠다고 해야 대화가 끝난다. 대화를 그저 부드럽게 명령을 내리기 위한 형식으로 사용하는 것이다. 이러한 형식은 상대방에게 선택지를 주는 듯 보이지만, 실상은 선택의 여지가 없는 상황을 만든다. 대화가 끝나기 위해서는 반드시 한쪽의 승복이 필요한 구조에서, 진정성이란 결국 상대방을 설득하거나 지배하기 위한 도구가 되어버린다.

진정성이 도구로 사용될 때

대화가 합의에 도달하기 위해서는 서로가 진정성을 가지고 임한다고 믿어야 한다. 그러나 실상은 이미 대화의 결과와 상관없이 어떻게 할지 결정해 둔 상태다. 그럼에도 일방적으로 결정을 내렸다고 비난받고 싶지 않기 때문에 대화를 시도하는 척한다. 비난을 피하기 위한 수단으로 대화를 이용하는 것이다. 내 목적을 이루려면 상대방이 내가 진심으로 대화하고 있다고 믿어야 한다. 그렇지 않으면 상대방은 나와 대화하려 하지 않을 것이다. 일방적으로 결정을 내렸다는 비난을 피하려면 나도 진정으로 대화에 임하는 것처럼 행동해야 한다. 나의 속셈을 모른 채 대화에 참여한 상대방은 결국 이용당하게 된다. 이렇게 대화는 피상적인 과정에서 진정성의 문제로 위장되고, 상대방을 설득하기 위한 연극에 불과해질 수 있다.

하지만 이렇게 일방적으로 한쪽이 피해를 보는 상황보다는 애매한 경우가 더 흔하다. 가능하다면 거짓말이나 허위 약속으로 상대를 속이고 싶지 않지만, 그렇다고 내가 손해를 볼 수도 없다. 결국 대화는 일종의 게임처럼 변한다. 양쪽 중 어느 한쪽이라도 상대방이 진정성이 없다고 느끼면 대화는 결렬된다. 그래서 대화가 끝나지 않도록, 어느 정도의 진정성은 유지한다. 가능한 한 진실을 말하려고 노력하지만, 목적이 있는 대화에서 완전히 진실만 주고받기도 어려운 일이다. 대화는 완전한 진실도, 완전한 거짓도 아닌 그 사이의 회색 지대에서 이루어진다. 이 회색 지대에서는 서로 간의 신뢰를 바탕으로 어느 정도의 타협이 이루어지지만, 결국 누군가는 더 많이 양보하게 되는 것이 현실이다.

불순한 진정성과 합리화

순수한 진정성으로 상대를 대하는 사람은 종종 불순한 진정성으로 상대를 대하는 이에게 당하기 마련이다. 상대를 이용하려는 사람은 어떻게든 상대방을 대화의 장으로 끌어들여 자신의 목적을 달성한다. 상대가 함정에 빠지지 않으려고 경계하면, 오히려 "왜 나를 믿지 못하냐"라며 상대방을 비난하기까지 한다. 진정성을 마치 도덕적 당위처럼 내세우며 상대를 몰아붙인다.

이렇게 되면 비난받는 쪽이 수세에 몰린다. 상대방의 진정성이 불순하다고 지적할수록, 오히려 자신은 순수한 진정성으로 무장한 것처럼 보인다. 결국 상대방의 신뢰를 의심하게 만드는 이 전략은 상대방을 압박하는 수단이 된다. 이로 인해 진정성은 상대방을 제압하기 위한 무기로 변질된다.

    진정한 대화라고 할 때 우리는 무의식적으로 상대방의 진정성을 전제한다. 상대방에게는 절대로 나를 속여선 안 된다는 강한 기준을 적용하지만, 반대로 나에게는 잣대가 훨씬 느슨하다. 진정한 대화라는 말이 자주 쓰이는 이유는, 상대방이 진정성을 가지고 대화할수록 나에게 유리하기 때문이다. 상대방이 거짓으로 나를 대하지 못하도록 진정한 대화를 강요하는 건 결국 내가 속지 않기 위해서이다. 이때 나는 속으면 안 되지만 부득이한 경우라면 거짓말할 수 있다는 자기 합리화가 뒤따른다. 처음부터 의도한 것이 아니고, 대화 과정에서 어쩔 수 없이 거짓말하게 되었을 뿐이라는 핑계를 대며, 큰 틀에서는 진정성 있게 대했다고 자위한다. 심지어 상대방에게 진정성 있게 대하려다 보니 어쩔 수 없이 거짓말했다고 합리화하기도 한다. 이러한 자기 합리화는 진정성이라는 개념을 모호하게 만들며, 대화의 본질을 흐리게 한다.

진실보다 진심으로

"진정한 대화를 위해 거짓으로 상대방을 대했다"라는 말이 전혀 불가능한 건 아니다. 우리는 때때로 마음에도 없는 예의를 지키며 대화를 이어 간다. 예를 들어, 상대방이 지겨운 말을 반복할 때 솔직하게 같은 얘기를 반복하지 말라고 지적하면 어떻게 될까? 상대방의 말에 고개를 끄덕이는 것은 거짓된 태도이니 그만둬야 할까? 혹은 상대방이 멍청한 이야기를 할 때, 그 잘못을 조목조목 지적하는 것이 과연 진정성을 가지고 상대방을 대하는 것일까?

대화를 망치는 사람일수록 자신은 마음에 없는 말을 못 한다며, 진정성으로 상대를 대한다고 생각한다. 그러나 상대방의 기분을 고려하지 않고 화나게 만드는 것은 오히려 상대방을 무시하는 태도다. 진정성이라는 말에는 상대방을 대화의 동등한 상대로 인정한다는 의미가 포함되어 있다. 대화를 망치지 않기 위해 때로는 거짓을 사용하여 상대를 배려하는 사람과, 상대방의 말을 쓸데없는 말로 치부하고 사사건건 팩트 폭력을 행사하는 사람 중 누가 더 진정한 대화를 하고 있는 것일까? 결국 진정성은 상대방의 감정과 상황을 존중하는 데서 나오는 것이며, 단순한 사실 전달이나 솔직함만으로는 진정성을 논할 수 없다.

순수한 의미의 대화는 좋아하는 친구나 사랑하는 사람과 나눌 때 이루어진다. 달리 말하면, 진정한 대화가 이루어지지 않는다면 그것은 우정도, 사랑도 아니다. 내가 아끼는 사람이 진심으로 잘되기를 바라는 마음, 진정으로 즐겁기를 바라는 마음, 그리고 상처받지 않기를 바라는 마음이 바로 진정성이다. 실패할 가능성이 크더라도 "잘될 거야"라고 말하는 것은 어떤 의미에서는 거짓말일 수 있다. 그러나 그 거짓말이 용기를 준다면, 상대방은 그 사람을 진정한 친구라고 여길 것이다. 때로는 거짓말임을 알면서도 받아들이는 것을 우리는 진정한 사랑이라고 부른다. 이러한 거짓은 상대방을 위로하고 관계를 더 깊게 한다. 진정한 우정과 사랑은 서로의 허점을 감싸 주고, 때로는 작은 거짓을 통해 상대방에게 희망을 주는 것이다.

소통의 가장 중요한 목적은 상대방의 호감을 얻는 것이다. 누군가에게 미움받는다는 것은 엄청난 스트레스이기 때문에, 우리는 소리를 지르고 싶은 감정을 참고, 욕하고 싶은 마음을 억누르며 대화를 이어 간다. 그러나 어떤 이는 솔직함을 핑계로 끝없이 잔소리를 늘어놓고, 상대의 나쁜 점을 지적한다. 이렇게 하면 할수록 관계는 멀어질 뿐이다. 상대방이 싫어하는 말을 하면서 나를 좋아해 주기를 바라는 것은 일종의 비극이다. 나는 가까워지고 싶어 대화를 시도하지만, 대화를 거듭할수록 상대는 나를 더 멀리하게 된다. 이런 경우 차라리 대화가 중단되면 그나마 더 멀어지지 않을 것이다.

여기서 진실과 진정은 다른 개념임을 깨달아야 한다. 진실은 거짓이 없다는 것을 의미하지만, 진정은 상대방을 진심으로 아끼는 마음을 뜻한다. 진실성보다 더 중요한 것은 진정성이다. 둘을 혼동해서는 안 된다. 진정한 대화는 상대방의 감정과 상황을 고려한 배려에서 시작된다. 단순한 솔직함만으로는 부족하다.

권리:
소통의 두 얼굴,
대화와 침묵

소통이라는 단어만큼 요즘 정치, 문화, 경영에서 자주 쓰이는 말도 없다. 서로 반대 입장을 가진 두 정치 세력이 대립할 때도, 회사와 노동자가 갈등할 때도, 세대 간의 갈등에서도, 사람들 사이에 진정으로 마음이 통하려면 소통이 필요하다고 말한다. 그러나 이 말은 모든 갈등의 원인을 소통의 부재로 돌린다는 데 문제가 있다. 소통 부족의 원인이 늘 상대방에게 있으며, 소통이 안 되는 것은 내 탓이 아니라 상대방의 탓이라는 인식이다. 이러한 태도는 매우 일방적이다. 스스로의 문제를 들여다보지 않고 상대방의 변화만을 강요하는 것이다. 이러한 현상을 두고 정신건강의학과 전문의 박영환 선생님은 "소통은 슬로건일 뿐이다"라고 표현한다.

　소통이 슬로건이 된 이유는 정치인들의 태도 때문이다. 정치인들은 소통을 좋아하는 듯 보인다. 말이 많고, 스스로 말을 잘한다고 여긴다. 어떤 문제가 발생했을 때 대화를 통해 문제를 흐리거나 무마할 수 있다고 믿는다. 그들이 소통을 선호하는 이유는 결국 자신이 이길 수 있다고 생각하기 때문이다. 지더라도 상관없다는 마음으로 임하는 경우는 거의 없다.

　정치인들이 말하는 소통은 매우 자의적이다. 자신이 약자의 위치에 있을 때만 대화를 원하고, 강자의 위치에 있으면 대화를 피한다. 특히 누군가가 시급히 요구할 때나 자신이 양보해야 하는 상황에서는 소통을 핑계 삼아 형식적으로 대화하며 시간을 끌기 일쑤다. 그래서 정치인들은 슬로건으로서의 소통을 선호한다고 하는 것이다. 이는 그들의 정치적 생존 전략에 불과한 경우가 많다. 진정한 소통으로 상호 이해와 공감을 이루기보다는, 대중을 향한 형식적 소통으로 자신의 위치를 공고히 하려는 의도가 깔려 있다.

　슬로건으로서의 소통도 나름 의미가 있다. 폭력이나 욕설보다는 대화가 더 나은 선택이다. 대놓고 억압하는 것보다는 최소한 소통의 형식을 취하는 것이 더 낫다. 이는 겉으로나마 상대방을 존중하는 모습을 보여 주기 때문이다. 그러나 상대방이 이를 진정한 소통으로 착각하고 진지한 대화를 시도하면 상황은 달라진다. 겉으로는 "대화하자"라고 말하지만 실제 목적은 설득일 때, 상대가 반대하면 다툼이 벌어진다. 대화하자는 말이 사실 명령일 때, 상대가 이를 거부하면 화내며 지시를 내린다. 대화인 척하지만 실제로는 협박일 때, 상대가 자신의 주장을 펼치면 그 뒤에 폭력이 따르기도 한다. 이러한 왜곡된 소통은 결국 소통을 가장한 지배 방식에 불과하다. 상대방을 설득할 수 없을 때 힘을 동원하여 자신의 의견을 관철시키는 것이다. 이런 상황에서는 대화가 오히려 갈등의 시작점이 되기도 한다.

모든 대화가 소통은 아니다

과잉 소통이 범람하는 세상에서는 대화가 강요되기 쉽다. 하지만 진정한 소통은 자발적으로 이루어져야 한다. 우리는 대화가 결론에 도달하면 성공적이라고 평가한다. 결론 없이 차이점만 확인하면 대화가 실패했다고 생각한다. 그러나 결론이 나온다고 해서 그것이 항상 양측 모두에게 이익이라는 뜻은 아니다. 대화에서 매번 지는 사람에게는 대화가 패배의 연속일 수 있다. 세상일 대부분이 그렇다. 내가 편하면 상대가 불편하고, 상대가 편하면 내가 불편하다. 나는 대화를 그만하고 싶은데 상대는 끝없이 자기주장을 펼친다. 결국 소리를 지르거나 자리를 박차고 나가지 않는 이상 져 줄 수밖에 없는 상황에 처한다. 이기기 위해 끝까지 물고 늘어지는 상대를 대화로 이길 수는 없다.

 이러한 상황에서 우리는 과도한 소통이 오히려 관계를 악화시킬 수 있다는 사실을 간과한다. 대화하지 않을 권리가 존중될 때 비로소 진정한 소통이 가능해진다. 대화가 통하지 않는 상대와 결론이 날 때까지 대화를 이어 가는 것은 소통이 아닌 고문에 불과하다. 모든 대화가 소통을 의미하지는 않는다. 이 지점에서 우리는 소통의 본질을 다시금 고민해야 한다.

불통은 '침묵할 권리'다

크게 보면 소통은 불통을 포함한다. 불통할 권리가 없다면, 소통은 그저 반쪽짜리에 불과하다. 소통이 진정으로 이루어지기 위해서는 자유가 전제되어야 한다. 예를 들어, 사람들을 한 방에 가둬 놓고 만장일치로 결론이 나기 전까지 나가지 못하게 한다면 결국 누군가는 지치기 마련이다. 빠르게 끝내고 싶은 마음에 한 명, 두 명씩 양보하게 되고, 끝까지 자기주장을 고집하는 사람이 승리한다. 소통에서도 비슷한 현상이 나타난다. 두 사람을 한 방에 가두고 의견이 일치할 때까지 나오지 못하게 하면, 결국 빨리 끝내고 싶은 쪽이 패배하게 된다. 이는 단순히 물리적 공간에 한정된 이야기가 아니다. 정신적, 심리적 억압 속에서 사람들은 자신이 원하는 결론에 도달하지 못하면 무리하게 소통을 이어 간다. 결국 지쳐 버린 사람이 양보하게 된다.

소통은 양쪽 모두가 원할 때 이루어지는 것이다. 양측이 모두 만족해야 진정한 소통이라 할 수 있으며 그 과정도 동등해야 한다. 이를 위해서는 양자가 원하는 때에, 원하는 만큼 대화가 이루어져야 한다. 그러나 소통을 거부하면 나쁜 사람이라는 인식이 심리적 압박으로 작용한다. 대화가 어떤 사람에게는 승리를 위한 싸움터일 수 있지만, 어떤 사람에게는 감옥과도 같다. 대화를 거부하면 안 된다는 당위는 사람을 심리적으로 얽매이게 만든다.

그러므로 침묵할 권리, 말하지 않을 권리 또한 보장되어야 한다. 이는 단지 대화를 피하는 것이 아니라, 자신의 감정과 경계를 지키기 위한 중요한 선택이다. 대화를 거부할 권리를 인정하지 않는다면, 소통은 결코 자유롭지 못하고 진정한 의미를 가질 수 없다.

소통은 선택이다

타고나기를 모든 것을 따지고 드는 사람들이 있다. 자기 뜻대로 되지 않으면 계속 이유를 묻고, 트집을 잡으며, 말꼬리를 물고 늘어지기 일쑤다. 그러나 정작 그들은 이를 대화라고 착각한다. 이들에게 이유를 설명하는 순간 끝없는 논쟁이 시작된다. 그들은 어떤 이유에 대해서든 무조건 반대하는 논리를 펴며, 충분히 설명해도 그 이유에 대한 또 다른 이유를 요구하며 무한 반복한다. 결국 상대방을 지치게 만들고 원하는 답을 얻어 낸다.

이런 경우에는 이유를 설명하지 않을 권리가 보장되어야 한다. 자신을 지키기 위해서 이유를 대지 않는 것이 필요하다. 말하는 순간 변명해야 하는 약자가 되어 버리기 때문이다. 침묵이 없는 대화는 끝없이 이어지는 문장과 같아 마침표가 없다. 침묵할 권리, 말하지 않을 권리가 무시되는 대화는 결코 소통이 아니다. 무조건 소통해야 한다는 것은 옳지 않다. 원치 않는 대화를 거부할 권리가 인정될 때 비로소 진정한 소통이 가능해진다. 이는 소통의 기본적인 전제이며, 우리가 자주 잊는 중요한 원칙이다.

소통은 선택이다. 때로는 거부할 권리를 행사하는 것도 소통의 중요한 일부다. 끊임없는 대화가 오히려 갈등을 키운다면 대화를 중단하는 것이야말로 필요한 해결책이다. 무작정 상대를 설득하려 하기보다는 침묵과 거리 두기를 선택하는 용기가 필요하다. 진정한 소통은 서로의 의지와 경계를 존중할 때 비로소 시작된다. 때로는 침묵이 소통의 첫걸음이 될 수 있다는 사실을 기억해야 한다.

거리:
관계를 지키는
마음의 안전거리

콘라트 로렌츠는 갓 태어난 회색 기러기가 자신을 어미로 착각한 사건을 계기로 각인 이론을 제시했다. 이 연구는 동물 행동학의 기초를 세우는 데 큰 기여를 하여 1973년 노벨 생리의학상을 수상하였다. 그의 저서 《인간, 개를 만나다》에서는 '도주 거리'와 '위기 거리'라는 개념이 등장하는데, 이는 동물과 인간의 소통에서 중요한 물리적 거리 개념으로 스위스의 동물심리학자 하이니 헤디거가 처음으로 정의했다.

약한 개는 자신보다 강한 개가 다가오는 것을 보면 본능적으로 도망친다. 이때 두 개체 사이의 거리를 '도주 거리'라고 부르는데, 이 거리가 좁혀지면 약한 개는 도망치기를 선택한다. 그러나 예상치 못한 공격이나 도망갈 곳 없는 상황에 처하면, 개는 웅크리며 위협적인 자세를 취하고, 적이 일정한 거리 내로 더 다가오면 필사적으로 맞서 싸운다. 적과의 물리적 접촉을 피할 수 없을 만큼 가까워지는 거리를 '위기 거리'라고 한다. 아무리 강한 적이라도 그 거리를 넘으면 싸움은 피할 수 없다.

로렌츠에 따르면, 거리는 단순히 물리적으로 떨어진 공간만을 의미하지 않는다. 동물원에서 맹수를 가두는 창살 또한 일종의 거리 역할을 한다. 창살 너머로 손을 내밀면 맹수가 손을 핥으며 친근하게 보일 수 있지만, 만약 그 창살을 넘어서 우리 안으로 들어가면 동물의 행동은 완전히 달라진다. 창살은 동물의 자유를 제한하여 인간의 안전을 보장하는 도구다. 하지만 동물에게는 창살이 오히려 자신을 보호하는 '도주 거리'로 작용한다. 그래서 사람이 창살을 넘어 우리 안에 들어가면 동물의 도주 거리는 이미 침범된 상태가 된다. 이때 사람은 동물이 공격하지 않는 것을 보고 여전히 우호적이라고 잘못 판단해 더 가까이 다가가지만, '위기 거리'가 침범되면 맹수는 갑자기 공격에 나선다.

관계를 지키는 적절한 경계

많은 의사소통 관련 서적은 사람들과 가깝게 지내고 대화를 많이 나누기를 최선의 방법으로 권장한다. 리더십 서적들도 대개 조직원들과 많은 시간을 공유하고 긴밀한 관계를 맺는 리더가 되어야 한다고 강조한다.

사람들과 거리를 두는 것은 부정적으로 받아들여진다. 거리감이 생기면 "사람이 변했다" 거나 "잘난 척한다"라는 비난을 받을 수 있고, 무리 속에서 특정인과 거리를 두면 따돌림으로 해석되기도 한다.

물론 성인군자라면 누구와도 가까이 지낼 수 있겠지만, 대부분의 사람은 그렇지 않다. 서로 맞지 않거나 부딪히는 사람과 거리를 두는 것은 자연스러운 일이다. 더 나아가 주변 사람들까지 힘들게 만드는 사람과 억지로 가깝게 지내기는 더욱 어려운 일이다.

정신과 전공의 시절, 심리 치료 책에서 '멀리 있다가 가까워지기는 쉬워도, 가까워졌다가 멀어지기는 불가능하다'는 구절을 읽은 적 있다. 이는 치료자와 환자 간의 관계에서 특히 중요한 경고이다.

불행한 어린 시절을 겪어 애정을 받지 못한 환자는 쉽게 마음의 문을 열지 않는다. 치료자가 그를 안타깝게 여겨 무리하게 '마음의 도주 거리' 안으로 들어가면, 환자는 자신의 피해의식에 또다시 상처받을까 봐 두려워 냉정한 태도로 반응한다. 환자의 반응에 안달이 난 치료자가 '마음의 위기 거리'까지 침범하면, 환자는 더욱 경계하거나 치료를 중단해 버리기도 한다. 이때 치료자는 자신의 선의가 거부당해 화가 나고, 환자가 다시 나타나도 차갑게 대한다. 환자는 이를 보고 '세상 사람은 다 똑같다'는 자아 확신을 강화하게 된다.

이러한 상황을 피하기 위해서는, 치료자가 서두르지 말고 환자의 안전거리를 존중하며 천천히 다가가야 한다. 이 과정이 바로 '멀리 있다가 가까워지기는 쉬워도, 가까워졌다가 멀어지기는 불가능하다'는 교훈의 의미다.

이러한 상황은 치료자와 환자 사이에만 국한되지 않는다. 일상적인 대인 관계 갈등의 많은 부분은 서로의 안전거리를 존중하지 않아서 시작된다. 거리를 느끼는 정도는 사람마다 다르기 때문에 이를 존중하는 태도를 지녀야 한다.

스스로는 누구와도 쉽게 친해지는 성격이라고 믿지만, 상대방에게는 한두 번 본 사이에서 지나치게 가까이 다가오는 태도가 부담스러울 수 있다. 상대방이 원하지도 않았는데 자신의 속이야기를 털어놓고, 같은 방식으로 상대방도 마음을 열기를 기대하는 경우가 그 예다. 이러한 상황을 고려할 때, 친할수록 예의를 지키고 적절한 거리를 유지하는 것이 오히려 사랑과 우정을 오래 지속시키는 방법이다.

# 말보다 침묵이 편한 당신에게

말을 유창하고 조리 있게 하는 사람을 부러워하는 분들이 적지 않다. 설명하려고 하면 말이 막히고, 요점을 제대로 전달하지 못한 채 자꾸 다른 이야기를 하게 된다는 것이다. 이런 상황에서 상대방이 내 말을 이해하지 못해 다시 확인하면 더욱 혼란스러워진다.

하지만 이런 사람들도 친한 친구와 잡담을 나눌 때는 말하는 데 어려움을 느끼지 않는다. 자신의 아이를 야단칠 때도 전혀 말이 막히지 않는다. 이는 언변의 문제가 아니라 불안에서 비롯된 문제인 것이다.

나는 왜 말하는 게 어려울까?

'어안이 벙벙하다'라는 표현이 있다. 예상치 못한 일을 당했을 때, 말문이 막혀 아무 말도 할 수 없는 상태를 뜻한다. 죽을 뻔한 공포를 경험한 사람에게 당시 상황을 말해 보라고 하면 떨면서 말을 제대로 잇지 못할 것이다. 극도의 공포 속에서는 아무리 말을 잘하는 사람이라도 더듬거리며 겨우 말하는 경우가 많다. 하지만 인간이 느끼는 두려움의 정도는 사람마다 다르다. 겁이 많은 사람도 있고, 겁이 없는 사람도 있다. 특히 겁이 많은 사람은 불안할 때 말하는 것이 매우 불편해진다.

'선택적 함구증'이라는 진단명이 있다. 집에서는 말을 아주 잘하는데 밖에서는 거의 한마디도 하지 않는 경우를 말한다. 어릴 때는 그저 말수가 적은가 보다 생각하지만, 초등학교에 가서도 말하지 않는 모습을 보이면서 문제로 인식되는 경우가 많다. 스스로 먼저 말을 거는 일도 거의 없으며, 누가 물어봐도 한참 동안 대답하지 않는다. 가끔 대답하더라도 "네" 혹은 "아니요"처럼 한 음절로 답한다. 부모님은 이를 언어장애로 생각해 억지로 언어 치료를 받게 하지만 별다른 호전이 없다. 사실 문제는 말하기 자체가 아니라 사람들 앞에서 말하는 것이 불편하다는 점이다. 주변 사람들은 답답하게 느끼지만 정작 당사자는 말을 안 하는 것이 오히려 더 편하다. 대인 관계에서 오는 긴장감을 줄이는 방법으로 침묵을 선택한 것이다.

중고등학교에서도 선생님이 수업 중에 질문하면 당황해서 대답하지 못한다. 시간이 지나면 선생님들도 자연스럽게 질문하지 않게 된다. 학원에서도 비슷한 상황이 반복되면 결국 학원에 가는 것조차 어려워진다. 수행평가 때도 발표가 힘들어 불이익을 받기도 한다. 이로 인해 병원을 찾는 경우도 있다. 그러나 언어 지능이나 언어 기능에는 이상이 없다는 설명을 듣는다. 집에서 말을 잘한다는 것은, 말하는 자체에는 문제가 없다는 것을 의미한다. 책을 읽는 것과 글쓰기를 좋아하는 모습을 보면 언어 지능이 매우 높을 수도 있다. 하지만 본인이 말하고 싶지 않은 상황에서 말을 강요받으면 오히려 더듬게 된다. 그러니 말하고 싶지 않을 때는 차라리 하지 않는 게 최선이다. 억지로 말하려다 보면 두려움이 커지고, 나중에는 편안한 상황에서도 말을 더듬게 될 수 있다.

성인이 되면 직장에서 필요한 대화를 하게 된다. 본인과 개인적으로 연결되지 않는 고객이나 불특정 다수를 상대할 때는 말하는 데 불편함이 없다. 그러나 개인적으로 친하지 않은 사람들과는 말하지 않는 것을 선호한다. 동창회 같은 모임도 불편하게 느껴지고, 먼 친척을 만나는 것도 꺼리게 된다.

이런 사람들은 곤란한 상황에 처하거나 문제가 생기면 먼저 깊이 생각하는 경향이 있다. 생각이 정리되기 전까지는 침묵을 유지한다. 화가 나거나 슬프거나 불안할 때처럼 부정적인 감정이 작동하면 그 침묵은 더 길어진다. 상대방이 이해하고 기다리면 결국 대답을 들을 수 있지만, 답답하다고 재촉하거나 참지 못하고 말을 쏟아 내면 그만큼 침묵이 연장된다.

좁은 의미에서 대화는 서로 말을 주고받는 것을 의미하지만, 넓은 의미의 대화는 침묵도 포함한다. 말보다 침묵이 더 편한 사람은 대화 중에도 말하는 시간보다 침묵이 더 길기 마련이다. 불편한 사람을 만나면 말하는 것이 더욱 싫어지므로, 가능하다면 그런 사람을 피하거나 만나지 않는 것이 현명하다.

침묵은 조용한 소통의 무기다

말을 잘한다고 생각하는 사람들은 말하지 않으면 답답함을 느낀다. 무엇이든 말로 해야 직성이 풀린다. 유튜브나 방송에 나오는 전문가들도 대체로 말을 잘하는 사람들이며, 그래서 그들은 대화를 통해 문제를 해결해야 한다고 주장한다. 인간은 자신에게 익숙한 것이 옳다고 믿기 마련이다. 이들은 말이 익숙하고,

말로써 자신의 주장을 관철한 경험이 많기 때문에 대화가 모든 문제의 해결법이라고 생각한다. 그러면서 대화가 불편한 사람들을 '회피형 대인 관계'로 규정하고, 대화 능력을 반드시 키워야 한다고 주장한다. 이런 주장은 침묵을 선호하는 사람들로 하여금 자신에게 문제가 있다고 착각하게 만든다.

독가스를 피하기 위해서는 방독면이 필요하고, 감염을 막기 위해서는 마스크가 필요하다. 마찬가지로, 나를 기분 나쁘게 하고 해치는 말들로부터 나를 지키기 위해서는 침묵이 필요하다. 이른바 말주변이 좋은 사람들의 말을 멈추게 할 수 있는 유일한 방법은 침묵이다. 그래서 그들은 침묵을 싫어한다. 그들은 언어를 무기로 사용하며, 폭력을 쓰지 않고 욕하지 않고 언성을 높이지 않으면 공평한 대화라고 주장한다. 하지만 그들은 독가스처럼, 세균처럼 해로운 말을 퍼부어 상대방을 무력하게 만든다. 이들을 막을 수 있는 방법은 오직 철벽 같은 침묵, 칠흑 같은 침묵뿐이다.

한쪽이 총을 들고 다른 한쪽이 칼을 들고 싸우면 총을 든 쪽이 유리하다. 이는 공평한 싸움이 아니다. 마찬가지로, 거구의 격투기 선수와 왜소한 일반인이 무기 없이 싸운다고 해서 공정한 것은 아니다. 말을 잘하는 사람은 침묵에 약하다. 그들은 말하지 말아야 할 때도 계속해서 말한다. 침묵에 익숙한 사람은 말에 약하다. 말해야 할 상황에서도 침묵을 유지하곤 한다. 결국 대화는 말이 많은 사람에게 유리하고 침묵에 익숙한 사람에게는 불리하다. 말을 잘하는 이가 대화하자고 하는 것은 자신이 가장 잘하는 도구인 '말'을 사용해 상대를 이기겠다는 것과 같다. 말을 잘하는 사람과 대화하다 보면 지치기 마련이고, 결국 대화를 포기하고 싶은 마음에 져 주게 된다.

이처럼 말을 무기로 사용하는 사람들과는 절대 말을 섞으면 안 된다. 답답하다는 말을 들어도 괜찮다. 바보 같다고 여겨도 상관없다. 무시한다는 오해를 받아도 괜찮다. 냉담하다는 비난을 받아도 괜찮다. 이들에게 맞설 유일한 무기는 '침묵'이다. 모든 사람에게는 말하고 싶지 않을 때 말하지 않을 권리가 있다. 대화는 의무가 아닌 선택이다.

 일상에서 사용하는 묵비권

묵비권은 법정에서만 필요한 것이 아니다. 살아가면서도 묵비권을 행사해야 할 때가 있다.

어렸을 때 말더듬이 있더라도 나이가 들면 저절로 호전되는 경우가 대부분이다. 보통 때는 말을 더듬지 않지만 흥분하거나 당황할 때는 말을 더듬는다. 언어 능력의 문제라기보다는 감정 조절의 문제다. 화가 나고 흥분하면 더 빨리 더 많은 말을 하고 싶다 보니 말을 더듬게 된다. 너무 겁이 나거나 당황해서 불안한 나머지 말이 잘 나오지 않을 때 억지로 말하려다 보면 말을 더듬게 된다. 보통 때는 괜찮은데 불편한 상황에서는 말이 잘 안 나온다. 즉 말하고 싶지 않은 상황에서 억지로 말하려다 보면 말을 더듬는다. 스피치 훈련을 받아도, 발표 훈련을 받아도 소용없다. 막상 흥분과 불안에 사로잡히면 무너져 내린다. 그렇다면 어떻게 해야 할까? 이런 사람에게는 침묵 훈련이 필요하다. 말을 잘하는 연습이 아니고 말을 안 하는 연습을 해야 한다. 말하지 않으면 말을 더듬을 수 없다.

말하기 힘든 순간을 구별할 때

말하고 싶지 않은 상황에서 말하지 않으면 말을 더듬는 상황 자체가 사라진다. 말은 한 번으로 끝나지 않는다. 대화로 이어진다. 나를 존중하는 사람 앞에서는 말이 잘 나온다. 나를 무시하는 사람, 나를 얕잡아 보는 사람, 나를 싫어하는 사람 앞에서는 말이 잘 나오지 않는다. 말을 더듬지 않고 한마디 했다 하더라도 상대방이 계속 자신의 주장을 펼치면서 압박하면 나는 말을 이어 갈 수 없다. 목소리를 크게 하건 작게 하건, 말을 빨리하건 천천히 하건 어차피 이길 수 없는 게임이다. 그렇다면 게임의 룰 자체를 바꿔야 한다.

말을 하려는 순간 나는 위축된다. 설혹 엄청 노력해서 말더듬에서 벗어난다 한들, 말로 해서는 이른바 말 잘하는 인간들을 이길 수 없다. 내가 한마디를 하면 그들은 열 마디를 한다. 말을 가로채서 자신의 주장을 편다. 내가 다음 말을 잇지 못하면 "이제 알았지"라고 하면서 자신의 뜻에 내가 동의했다는 듯 군다. 나중에 그게 아니라고 하면 알았다고 해 놓고는 지금 와서 왜 딴소리냐고 나를 압박한다. 이런 사람들 앞에서는 처음부터 끝까지 시종일관 침묵을 유지해야 한다. 하물며 범죄인이 조사받을 때도 묵비권을 행사할 권리가 있다. 나에게는 설명 안 할 권리가 있다. 나에게는 대답 안 할 권리가 있다. 나에게는 묵비권을 행사할 권리가 있다.

사람들은 내가 말을 꺼낼 때까지 기다려 주지 않는다. 내가 천천히 말하면 마치 본인의 시간을 빼앗고 있다는 듯 답답한 표정을 보인다. 그래서 항상 내 잘못이라고 생각하면서 살았고, 언제나 한 수 접고 들어갔던 것이다. 말을 해야만 한다는 강박관념에 사로잡혀서 낑낑댔다. 이제 게임의 룰을 바꾸자. 나는 시종일관 침묵할 것이다. 내가 듣고 싶은 말을 그들이 알아내서 할 때까지 나는 그냥 고개를 저으면서 아니라는 신호만 보내면 된다. 사실 알고 보면 그들은 말을 잘하는 사람이 아니다. 단지 침묵하지 못하는 시끄러운 사람들이었을 뿐이다. 나보다 잘난 말 잘하는 사람이 아니고 나보다 못한 침묵을 못 하는 인간일 뿐이다. 사실 세상에서 제일 말을 잘하는 사람은 해야 할 말은 하고 하면 안 되는 말은 안 하는 사람이다. 아무리 말 잘하는 사람도 침묵 앞에서는 맥을 못 춘다. 스스로 말을 잘 못한다는 생각이 든다면 말을 연습하지 말고 침묵을 연습하자.

평소 대화에 어려움이 없는 이도 막무가내인 사람 앞에서는 묵비권을 행사할 수밖에 없다. 집요하게 묻고 따지는 사람은 뭘 해도 꼬투리를 잡는다. 어떻게든 자기 뜻을 관철하려고 한다. 이런 사람들은 이미 자신이 원하는 답을 정해 놓고 대화를 이어 간다. 상대방의 얘기를 듣는 이유는 빈틈을 찾아내 공격하기 위해서일 뿐이다. 이런 사람은 자신이 옳다고 생각하는 것에 상대방이 동의할 때 제대로 대화가 이루어졌다고 생각한다. 따라서 어떤 대답도 소용이 없다. 이들은 상대방이 지쳐서 말을 못하는 것을 자신에 대한 동의라고 착각한다. 그리고 자신이 이겼다고 생각한다. 그러니 애초부터 침묵으로 대처해야 한다. 상대를 안 하면 꼬투리 잡힐 것도 없다.

왜냐는 질문에 얽매이지 않기

누가 물어보면 대답하는 것이 예의다. 질문에 대답하는 이유는 의사를 전달하기 위해서다. 하지만 내 의견을 받아들이기를 애초에 거부하는 이에게 매번 대답할 의무가 있을까? 집요하게 묻고 따지는 사람은 주로 "왜 그러는 거야?", "도대체 무슨 생각으로 그러는 거야?"라고 질문한다. 그리고 이들은 상대방의 대답을 들으면서 반박할 준비를 한다. 이런 이에게는 대답하지 않는 것이 최선이다. 당신에게는 대답 안 할 권리가 있다. 당신이 대답하지 않으면 이들은 "왜 아무 말도 안 하는 거야? 설명을 해 봐"라고 한다. 이때도 아무 설명 안 하는 것이 최선이다. 당신에게는 설명 안 할 권리가 있다. 묵비권을 행사하자.

"왜 이러는 건데?", "왜 하고 싶은 건데?", "왜 좋은 건데?", "왜 이게 싫은 건데?" 같은 질문에 대답하지도 말고 설명하지도 말자. 말하는 순간 약자가 된다. 대신 내가 무엇을 원하는지, 무엇을 하고 싶은지, 무엇을 좋아하는지, 무엇을 싫어하는지 주장하자. 그리고 그냥 하면 되는 것이다. 어쩌면 그 사람은 당신을 계속 설득할지 모른다. 그러면 이렇게 말하자. "설득하는 것은 너의 자유이지만 나는 설득당하지 않을 거야"라고.

그런데 이런 태도를 취하는 순간 감당해야 할 것이 있다. 나 역시 상대방을 억지로 설득하려 해서는 안 된다는 것이다. 상대방이 싫어하는 일을 하면서 상대방이 당신을 좋아해 주기를 바라지 말자. 모든 행동에는 치러야 하는 대가가 있다. 남에게 더 이상 왜냐고 묻지 말자. 나에게 대답 안 할 권리가 있듯이 남에게도 대답 안 할 권리가 있다. 나에게 설명 안 할 권리가 있듯이 남에게도 설명 안 할 권리가 있다. 내가 남에게 설득당하지 않을 권리가 있듯이 남도 나에게 설득당하지 않을 권리가 있다. 이것만 잊지 말자.

누구도 내 마음을 알 수 없을 때

여기저기서 충고가 쏟아진다. 한쪽에서는 이렇게 하라고, 다른 쪽에서는 저렇게 하라고 한다. 하지만 지금 내 상황에서는 어떤 선택을 해도 문제가 해결되지 않는다. 내가 정말로 필요한 것은 충고가 아니라 위로다. 이러지도 저러지도 못하는 내 상황을 진정으로 이해한다면, 사람들은 충고 대신 나를 있는 그대로 받아들이고 내 고통을 이해할 것이다. 하지만 누구도 내 마음을 온전히 이해하지 못하는 것 같다. 마치 나와 다른 사람들 사이에 보이지 않는 벽이 존재하는 것 같다. 물론 내 마음을 완전히 이해하는 것은 불가능하다. 그러나 그렇다고 아무도 내 마음을 모르는 것도 아니다.

너무 힘들어서 아무것도 할 수 없는 상황에 놓여 있다. 그런데 주변 사람들은 더 이상 스스로를 이렇게 내버려두면 안 된다며 충고를 멈추지 않는다. 그들은 아무것도 하지 않으면 상황이 더 나빠질 것이라며 밖에 나가 운동하고, 규칙적으로 생활하고, 햇볕을 쬐라고 말한다. 하지만 그들이 내가 얼마나 힘든지 안다면 이런 잔소리는 하지 않을 것이다. 숨을 쉬는 것만으로도 죽을 만큼 힘들다고 얘기하면, 그들은 "너보다 더 힘든 사람도 많아"라며 오히려 나를 몰아붙인다. 내 마음을 알아주는 사람이 하나도 없다는 외로움에 죽고 싶다는 생각까지 든다.

이별이 죽을 만큼 힘든 사람

만나지 않는 것이 최선이라는 걸 잘 안다. 하지만 뜻대로 되지 않는다. 몰라서 그런 게 아니다. 알면서도 안 되는 게 사람 마음이다. 연락이 오면 결국 다시 만나게 되고, 목소리를 들으면 마음이 약해져서 만나게 된다. 얼굴을 보면 결국 그 사람의 부탁까지 들어주고 만다. 아마 그동안 쭉 이어 온 인연 때문일 것이다.

주변 사람들은 그 사람이 나를 힘들게 하는 모습만 본다. 그러나 그 사람과 내가 함께했던 좋은 순간들은 그들에게 보이지 않는다. 만약 연을 끊어 버리면 그동안 쌓여 왔던 소중한 기억들마저 사라질까 두렵다. 내 젊은 시절의 유일한 추억이 사라질지도 모른다. 결국 그 사람 때문이 아니라, 내 마음 속의 소중한 기억들을 지키고 싶어서 헤어지지 못하는 것이다. 이런 이야기를 꺼내면 상대방은 "바보 같은 생각 그만해"라며 그 사람의 전화번호를 차단하라고 강요한다. 괜히 말했다는 생각이 든다. 나는 정말 바보 같은가 싶고, 차라리 죽고 싶다는 생각마저 든다.

지워지지 않는 상처를 받은 사람

영원히 지워지지 않는 마음의 상처도 있다. 사람들은 시간이 지나면 잊을 수 있을 거라며 "자기도 왕년에 다 겪어 봤다"라고 자신의 경험을 들려준다. 하지만 극심한 고통 속에 있는 나에게 그 말은 와닿지 않고, 위로가 되지 않는다.

고통을 겪는 사람에게는 오직 현재만이 존재한다. 고통은 마치 블랙홀처럼 모든 감정과 생각을 빨아들인다. 고통을 제외하면 아무런 감정도 생각도 할 수 없다. 행복했던 기억들은 모두 사라지고 세상에 즐거운 일이 하나도 없어진다. 미래의 기대도 사라지고 오직 고통스러운 현재만이 남는다.

"시간이 지나면 잊힐 거다"라는 위로만큼 화가 나는 말도 없다. 마치 나의 고통을 가볍게 여기는 것처럼 느껴진다. 심한 고통을 오래 겪다 보면 삶에는 고통만 남는다. 고통을 빼면 내 삶에 남는 것은 아무것도 없다. 사람들이 내 고통을 이해한다고 말할 때 내 고통은 흔한 것으로 전락한다. 나의 삶은 그저 아무 것도 아닌 무無가 되어 버리는 것 같다.

사랑하는 이를 잃었다. 시간이 지나도 그 사람은 잊히지 않는다. 주변에서는 이제 그만 잊고 인생을 즐기라고 하지만 그 말은 나에게 전혀 와닿지 않는다. 그 사람은 나의 모든 것이었다. 살아서도 내 전부였듯이, 죽어서도 여전히 내 전부다. 그 사람이 사라지면 나도 사라진다. 내가 사라지지 않기 위해서는 그 사람이 내 기억 속에 살아 있어야 한다. 그래서 그 사람을 잊을 수 없는 것이다.

주변 사람들은 망자 없이 내가 존재할 수 없다는 사실을 받아들이지 않는다. 그들에게 그 사람은 단지 타인일 뿐이기 때문이다. 그러나 나에게 그 사람은 남이 아니라 내 자아의 일부다. 그 사람이 사라지면 내 자아도 함께 사라질 것이라는 사실을 그들은 이해하지 못한다.

꿈을 붙잡아야만 숨 쉴 수 있는 사람

의지가 받아들여지지 않을 때도 마찬가지다. 능력이 부족하더라도 하고 싶은 일이 있다. 의대에 가고 싶을 수도 있고, 연예인이 되고 싶을 수도 있으며, 프로 선수나 유튜브 스타가 되고 싶을 수도 있다. 그러나 사람들은 내 능력이 부족하다며, 그것을 원하는 이유를 분석하려 든다. 그러면서 내가 진정 그것을 원하는 것이 아니라, 단지 환상을 가질 뿐이라고 한다. 현실을 받아들이라고 하면서 언제까지 헛된 꿈에 빠져 있을 거냐고 묻는다. 나를 위로하는 척하면서도 결국은 의지를 버리라며 꿈에서 깨어나야 한다고 충고한다.

그러나 나는 그 꿈 없이 살아갈 수 없다. 현실을 인정하는 순간 죽을 것 같은 절망이 밀려오기 때문이다. 꿈을 이루는 게 현실적으로 불가능하더라도 내 삶을 이어 가려면 헛된 꿈이 필요하다. 인간의 마음에는 설명될 수 있는 부분도 있지만, 설명될 수 없는 부분도 있다. 그 설명되지 않는 부분이 바로 의지다. 남들은 그것을 충동이라며 버리라고 하지만, 나에게는 그 의지가 살아가는 전부다. 내 의지가 수용되어야 비로소 나의 마음이 이해받는 것이다.

우리에게 필요한 건 이해가 아니다

흔히 다른 사람에게 힘든 이야기를 하지 않으면, 그 사람이 마음의 문을 닫았다고 말한다. 그리고 그 문을 열어야 한다고 설득한다. 하지만 말하지 않는 데는 이유가 있다. 무슨 말을 듣게 될지 뻔히 알기 때문이다. 힘든 마음을 털어놓으면 있는 그대로 인정하기보다는 설득하려 한다. 나를 이해한다면 온전히 받아들여야 하는데, 오히려 나보다 더 나를 잘 안다는 듯이 분석하고 해석한다. 내가 아니라고 해도 자신이 맞다고 우긴다. 하지만 마음은 눈에 보이지 않는다. 내가 아니라고 하면 아닌 것이다.

상대방이 계속 자기 생각을 강요하며 설득하려 들면, 결국 목소리가 커지고 다툼으로 이어진다. 그리하여 관계는 점점 멀어진다. 안 그래도 힘든 당사자는 더 괴로워진다. 차라리 처음부터 말을 꺼내지 않았더라면 다툼도 없었을 것이고, 관계도 멀어지지 않았을 것이라 생각한다. 이는 마음의 문을 닫은 것이 아니다. 상처받을 것이 뻔하니 더 이상 상처받지 않기 위해 말하지 않는 것뿐이다.

문제는 이해하지 못하는 것이 아니라 수용하지 않으려는 태도 자체에 있다. 인간에게는 타인의 의지를 수용하지 않으려는 경향이 있다. 누군가의 의지를 수용하려면 자신의 의지를 어느 정도 포기해야 하고, 반대로 자신의 의지를 수용받으려면 타인의 의지를 꺾어야 한다. 상대방이 내 생각과 감정을 완벽히 이해하더라도, 그것을 수용하지 않으면 그가 나를 이해하지 못한다고 생각한다. 반대로 상대방이 내 의지와 감정을 이해하지 못하더라도, 그것을 받아들이는 모습을 보이면 그가 나를 이해한다고 느낀다. 마음을 온전히 이해하든 그렇지 않든, 관계에서 중요한 것은 서로의 의지와 감정을 수용하는 것이다.

# 완전히 이해받기를
바라는 마음

상대방이 나를 완전히 이해해 주기를 바라는 것은, 그가 이해할 능력이 있다고 믿을 때 가능하다. 만약 상대방에게 그럴 능력이 없다고 판단하면 기대를 자연스럽게 내려놓을 것이다. 그러나 그가 충분한 능력을 가졌음에도 나를 이해하지 않을 때는 상황이 달라진다. 나는 상대방의 이해를 포기하지 못하고 계속해서 요구한다. 특히 상대방의 이해가 나의 온전함에 중요한 영향을 미친다면, 그가 나를 이해하지 않는 순간마다 나는 존재의 결핍을 경험하게 된다. 이해할 능력이 있음에도 불구하고 그가 노력하지 않는다는 사실은 나를 더욱 좌절하게 만든다. 나는 반복적으로 설명하며 때로는 강하게 요구하고 간청하게 된다. 이 과정에서 원망과 분노가 뒤섞이며 내 마음을 소진시키지만, 상대방의 완전한 이해를 바라는 희망을 포기할 수는 없다. 나를 완전히 이해해 줄 누군가가 없이는 나 자신도 온전해질 수 없다고 느끼기 때문이다.

이해의 딜레마

상대방이 이해하지 못하는 이유가 나를 제대로 전달하지 못해서라는 생각이 들 때가 있다. 그래서 온전히 전달하기 위해 과거와 현재, 그리고 미래의 나를 상대방에게 끊임없이 설명한다. 같은 이야기를 반복하고 또 반복하며, 상대방이 나를 이해할 수 있을 거라는 희망을 품고 말이다.

그러나 상대방이 이해하고 싶지 않거나 혹은 그럴 능력이 없다면 노력은 결국 무의미해진다. 그럼에도 불구하고 나는 나를 완전히 이해할 수 있는 누군가에 대한 환상을 버리지 못한다. 나는 어떻게 해야 상대방이 나를 완벽하게 이해할 수 있을지 계속해서 고민하고, 이를 위해 소통의 다양한 방법을 시도한다. 하지만 갈구하면 할수록 상대방은 점차 피로감을 느끼고 끝내 나로부터 멀어진다. 상대방은 침묵이라는 방패를 세우거나 나를 회피한다. 결국 나는 상대방과 연결이 끊긴다.

반대로 아무도 나를 이해할 수 없다고 단정하기도 한다. 누구나 나를 이해할 수 있다면, 나는 더 이상 특별한 존재가 아니게 된다. 모두에게 이해 가능한 존재는 결국 흔하고 무가치한 존재로 전락해 버린다. 그래서 나의 특별함을 지키기 위해 누구도 나를 완전히 이해할 수 없게 하려고 한다.

누군가가 나를 조금이라도 이해한다고 말하면 그것이 틀렸다고 주장하며 그들의 생각을 부정한다. 그럼에도 상대방이 나를 이해하려 한다면 더욱 상세하게 오해를 바로잡으려 하며 그 시도를 무너뜨린다. 그러나 상대방이 여전히 납득하지 못하고 이해하기를 고집할 때는 분노한다. 결국 나는 독특함을 지키기 위해 끊임없이 타인의 이해를 거부하고, 그로 인해 상대방과의 소통은 갈등으로 치닫는다. 그러나 역설적이게도 나를 이해하는 사람이 아무도 없다고 느끼기 시작하면, 오히려 나를 이해해 줄 가능성이 있는 사람에게 더욱 집착한다. 이해받지 못할 것이라는 확신 속에서도, 그 한 사람에게서 구원을 찾고자 하는 욕구는 더 강렬해진다.

이해와 수용은 다르다

누군가 나를 너무 힘들게 할 때, 그 사람이 나를 이해하지 못해서 그렇게 행동한다고 생각하곤 한다. 만약 그가 나를 완전히 이해한다면 더 이상 힘들게 하지 않을 것이라고 기대한다. 마찬가지로, 누군가가 나를 미워할 때도 그 이유를 상대의 이해 부족에서 찾는다. 충분히 이해하지 못했기 때문에 미움이 생겼으니 이해가 이루어지면 미움은 자연스럽게 사라질 것이라 믿는다. 이러한 생각은 상대방이 이해하기만 한다면 갈등이나 부정적인 감정이 사라질 것이라는 희망에 기인한다.

완전 이해에 대한 환상은 결국 상대방의 말과 행동이 바뀔 것이라는 기대에서 비롯된다. 아무도 나를 이해하지 못한다는 생각 역시 상대방이 나를 완벽하게 이해했으면 하는 바람의 반전에 불과하다.

그러나 이는 환상에 지나지 않을 수 있다. 상대방이 나를 이해한다고 해서 그들의 감정이나 행동이 반드시 변화하는 것은 아니다. 이해와 수용은 분명히 다른 차원의 문제다. 상대방이 나를 이해하면서도 여전히 힘들게 하거나 미워할 수 있다는 사실을 받아들이는 것이 중요하다. 상대방이 내 마음을 이해하는 것과 내 뜻대로 행동하는 것은 전혀 별개의 문제다. 우리는 종종 상대방이 내가 원하는 대로 하지 않으면 그들이 마음을 몰라준다고 생각한다. 얼핏 보면 마음을 알아주는 것이 원인이고, 뜻대로 하는 것이 결과처럼 보인다. 그러나 실제로는 내 뜻대로 하지 않는 것이 원인이며, 그 결과로 마음을 몰라준다고 느끼는 것이다.

예를 들어, 내 마음을 아는 상대방이 먼저 선수를 쳐 말도 꺼내지 못하게 만들 때도 있다. 나를 힘들게 하기 위해 일부러 내 뜻대로 하지 않거나, 의도적으로 방해한다고 느낄 수도 있다. 또 사기꾼은 상대방의 마음을 잘 이해하기에, 그 심리를 교묘하게 이용해 속임수를 쓰기도 한다. 상대의 마음이 뻔히 보이기 때문에 사기를 치는 것이다. 다른 예로, 마음에 들지 않는 사람이 내가 원하는 대로 하면 그 행동에 진심이 담겨 있지 않다며, 상대가 내 마음을 알지도 못하면서 단지 시늉만 한다고 비난하기도 한다.

상대방이 내 마음을 알면 모든 것이 바뀔 거라는 생각은 결국 내려놓아야 한다. 마음을 알아주는 것과 행동이 바뀌는 것은 전혀 다른 문제다. 내가 상대방에게 불쾌감을 줄 것을 알면서도 어떤 행동을 할 때가 있듯이, 상대방도 내 마음을 알면서 나의 뜻대로 행동하지 않을 때가 있다. 이는 단지 그들이 그렇게 행동하기로 선택했기 때문이다.

마음이 바뀌어야 행동이 바뀐다는 전제는 확실하지 않다. 내가 상대방을 대하는 태도가 변하면 그에 따라 상대방의 태도도 변하게 마련이다. 그리고 행동이 변하면 동시에 마음도 변하기 시작한다. 마음의 변화와 행동의 변화는 동시에 일어나기도 하고, 경우에 따라서 행동의 변화가 마음의 변화를 이끌어 내기도 한다.

행동이 마음을 변하게 할 수 있다는 점은 나 자신에게도 적용된다. 여태껏 마음이 변해야 행동이 바뀔 것이라고 생각하며 살아왔다면 이제는 그 반대로 해 보자. 행동을 변화시키면 마음도 따라 변할 것이라 생각하고, 먼저 행동을 바꾸기 위한 노력을 해야 한다. 이렇게 행동과 태도가 연쇄적으로 영향을 주면서 비로소 진정한 소통이 이루어진다. 소통이 변화를 만들어 내는 도구가 아니라, 변화가 소통을 이끄는 도구인 것이다.

결핍을 넘어서는 강자의 방식

그런 점에서 완전한 이해보다 중요한 것은 소통의 관계에서 강자가 되는 것이다. 소통에서의 강자는 힘이 세거나, 말을 잘하거나, 권력을 가진 사람만을 말하는 게 아니다. 누군가의 호감이나 사랑 혹은 인정받는 존재가 되었을 때 나는 그 관계에서 강자가 된다. 상대방이 나를 좋아하지 않거나 이해하지 못하더라도, 내가 그들의 반응에 크게 신경 쓰지 않는다면 나는 소통에서 약자가 아니다. 비록 상대방이 내 속마음을 온전히 이해하지 못하더라도, 내가 강자가 되면 그들의 태도가 바뀌고 내가 원하는 대로 따르게 된다. 약자는 강자의 방식을 따를 수밖에 없기 때문이다. 상대방이 나를 싫어하든 말든 개의치 않을 때 나는 그 관계에서 주도권을 쥘 수 있다.

    소통해야 한다는 당위만으로는 소통을 거부하는 상대방의 마음을 바꾸기 어렵다. 소통이 원활해지기 위해서는 내가 먼저 가치 있는 존재가 되어야 한다. 스스로 자신감을 가지고 나를 드러낼 때, 상대방도 자연스럽게 나에게 마음을 열고 다가올 것이다. 상대방의 생각이 궁금하다면 먼저 내 생각을 밝히는 것이 중요하다. 그러나 나를 먼저 드러내기 위해서는 내가 떳떳해야 한다. 완전한 이해를 위해 애쓰기보다는, 강하고 떳떳해지기 위해 노력하는 것이 더 중요하다. 이렇게 강해지면 상대방과의 소통은 억지로 이루어지는 것이 아니라 자연스럽게 형성될 것이다.

우리에겐 감정을 지나올 권리가 있다

내 손가락의 작은 통증은 내가 느끼는 것이다. 남은 그 통증을 느끼지 못한다. 쿵 하고 부딪혔는데 뼈도 상하지 않고 멍도 들지 않았다. 아프다고 하면 사람들은 이상이 없으니까 참으라고 한다. 검사에서 이상이 없다고 해도 마찬가지다. 나는 틀림없이 아프다. 그런데 이상이 없다고 하니 아프지 않아야 하는데도 아픔이 느껴진다. 꾀병이 아닌가 스스로 의심하게 된다.

"참 힘들었겠어요"라는 말을 들었을 때 "별거 아니었어요"라고 대답하면 믿음직하다는 말을 듣는다. 반면 누군가 계속해서 힘들다고 얘기하면 징징댄다며 그만하라는 말을 듣곤 한다. 사실 누가 힘든 이야기를 털어놓으면 듣기 괴로울 때가 많다. 그래서 우리는 힘들어도 힘든 척하지 않고 참아 내면 참을성이 강하다고 평가받는다. 반대로 힘들다는 이야기를 자주 하면 예민하다는 말이 돌아온다. 이 때문에 어떤 사람들은 힘든 이야기를 하는 것 자체를 불편해한다. '이 정도 일에 힘들어하는 게 너무 유난을 떠는 건 아닐까?', '다들 이 정도는 버티는데 나만 견디지 못하는 건 아닐까?' 스스로 의심하고 고민한다.

당신의 불안은 사소하지 않다

사람들은 남에게 걱정하지 말라는 말을 참 쉽게 한다. 불안해하지 말라고 한다. 그런 말을 듣다 보면 자신이 별거 아닌 일로 걱정한다고 생각하게 된다. 그러나 막상 그 상황에 놓이면 누구나 다 걱정한다. 자신의 일이 아닐 때는 다들 냉정하고 담대해도 막상 자신의 일이 되면 안절부절못한다.

걱정하지 말라는 것은 어떻게 생각하면 남을 안심시키는 말인 것 같다. 그런데 속을 들여다보면 이기적인 이유로 할 때가 적지 않다. 사람들은 누가 걱정하는 말을 듣고 싶지 않으면 걱정하지 말라며 말을 막는다. 누가 걱정하면 그 일을 걱정하게 되니까, 누가 걱정하는 모습을 보면 불안해지니까 걱정하지 말라고 말한다. 그러나 나에게는 걱정할 권리가 있다.

심한 신체적 불안을 공황이라고 한다. 일단 숨이 차고, 가슴이 두근거리고, 몸이 떨리면 누구라도 견딜 수 없다. 불안하다고 주변에 얘기하면 그럴 일이 없는데 왜 그러느냐고 한다. 불안해하지 말라는 말을 들으면 당사자는 더욱 절망에 빠진다. 아무도 자신을 이해하지 못한다고 생각한다. 공황 발작을 멈추는 방법 중 하나가 자해다. 자해를 하면 신체적 고통으로 인해서 심리적 고통을 잊고 발작이 멈춘다. 그런데 주변에서는 무조건 자해하지 말라고 한다. 자해하는 것을 보면 괴롭기 때문이다. 자해할 권리를 빼앗은 것은 결과적으로 괴로울 권리를 빼앗은 것이다. 괴로울 권리마저 빼앗긴 사람은 더 이상 괴롭지 않기 위해서 삶을 끝내는 선택을 생각할 수도 있다.

분노조차 느끼지 말라는 말 앞에서

누가 화를 내면 그만 화내라고 한다. 그런데 화 역시 그렇다. 멈춰지지 않는데 어떻게 할 것인가? 사람들은 용서하라고 한다. 그냥 졌다 생각하고 사과하라 한다. 심지어 지는 것이 이기는 것이라는 말도 안 되는 소리도 한다. 그런데 그게 안 되니 화가 나는 것이다. 그럴 때는 그냥 옆에서 함께 욕해 주자. 그렇다고 더 공격적으로 되지 않는다. 분노를 키울까 두려워서 복수와 원망에 반대하다 보면 상대방과 내가 싸우게 된다. 결과적으로 상대방은 화가 더 난다. 화내는 것이 소용없다고 아무리 설득해도 소용없다. 차라리 옆에서 같이 욕하고 화내면 내 편이 있다는 생각에 오히려 빨리 화를 멈춘다.

맞으면 아플 것이라 예상했다. 그러나 맞으니 더 아프다. 모든 고통이 그런 법이다. 직장을 옮기건, 고시를 준비하건, 사업을 시작하건, 결혼을 하건 생각한 것보다 더 힘들다. 하기에 앞서 주변에서는 생각한 것보다 더 힘들 거라고 충고했다. 그러나 감행했다. 너무 힘들어서 그만두려고 하니, 주변에서는 "이 정도도 각오하지 않은 거야?", "너 그럴 줄 알고 한 거 아니야?", "그러게 내가 뭐라고 했니"라고 한다. 그들은 남의 일이어서 그런 말을 쉽게 한다. 막상 경험하면 더 괴롭기 마련이다. 괴롭다고 해도 된다.

열등감 역시 마찬가지다. 돈도 없고, 연인도 없고, 일도 없고, 집도 없고, 외모도 별로인데 자존감이 높을 수 없다. 그런데 자존감이 낮아서는 안 된다고 한다. 자존감을 올리기 위해 노력하라고 한다. 자존감이 낮다고 괴로워하는 것 자체가 해서는 안 되는 일이 되어 버린다. 인간은 누구나 눈에 드러나는 것을 비교하고 열등감을 느낄 수밖에 없다. 내면의 힘으로 극복하라는 것은 헛소리다. 그렇게 말하는 이들도 막상 그 상황에 처하면 열등감에 무너질 것이다. 열등감을 느낄 수밖에 없는데 주변에서는 느끼지 말라고 한다. 열등감을 느끼는 것에 또 열등감을 느낀다. 열등감을 느끼는 것을 못난 짓이라고 생각하며 자책한다. 열등감을 느끼는 것마저 금지당한다.

슬픔을 빼앗긴 사람들에게

돌아가신 어머니를 잊지 못하는 사람이 있었다. 주변에서는 이제 슬픔에서 벗어나라고 한다. 잊으라고 한다. 그런데 슬픔도 삶의 한 형태다. 슬픔도 살아가는 이유가 될 수 있다. 주변에서는 슬퍼하는 이를 보면 슬퍼져서 이 정도 했으면 됐다고 한다. 다른 사람은 이쯤에서 멈춘다며 아직도 슬퍼하는 것은 정상이 아니니 그만하라고 한다. 슬퍼하는 이의 하소연을 듣기 싫어서 더 이상 슬퍼하지 말라고 한다. 그런데 하소연으로 남을 괴롭히는 것이 아니라면, 슬픔으로 무너져서 아무것도 못하는 것이 아니라면 애도하지 않을 이유가 없다. 나에게는 애도할 권리가 있다.

우울증을 정신력으로 이겨 내라고 한다. 우울증은 눈으로 보이지 않는다. 그러다 보니 옆에서 보기에는 그냥 마음먹기에 달린 것 같다. 우울하고 힘들어서 사람을 만나지 않으면, 사람을 만나지 않아서 우울해진 것이라며 억지로 만나라고 한다. 우울하고 잠이 안 와서 늦게 자고 늦게 일어나면, 생활이 불규칙해서 그런 것이니 억지로 일찍 자고 일찍 일어나라고 한다. 우울하고 피곤해서 꼼짝도 못 하는 사람에게 매일 운동하라고 한다. 내가 힘들어하는 꼴을 못 본다.

 그들이 그렇게 잔소리하는 이유는 자신들의 마음을 편하게 하기 위해서다. 우울증으로 내가 죽을 만큼 힘들어도 사람을 만나면 멀쩡해 보이기 때문에 그들은 안심한다. 내가 죽을 정도로 힘들어도 일찍 일어나서 규칙적으로 생활하면 멀쩡해 보이기 때문에 그들은 안심한다. 내가 죽을 정도로 힘들어도 매일 운동하면 멀쩡해 보이기 때문에 그들은 안심한다. 내가 속으로 썩어 들어가는 것은 그들의 눈에 보이지 않는다. 그들은 겉으로 보기에 좋으면 내가 좋아지고 있다고 생각한다. 그러나 나에게는 쉴 권리가 있다. 아무 것도 하지 않고 집에 가만히 있을 권리가 있다.

우리에겐 감정을 지나올 권리가 있다

슬퍼해도 된다. 걱정해도 된다. 분노해도 된다. 후회해도 된다. 우울해도 된다. 아무것도 안 해도 된다. 비교해도 된다. 나에게는 괴로워할 권리가 있다. 사람들은 자기 일이 아닐 때 의연하게 대처하라는 말을 쉽게 한다. 그런데 의연하게 대처하라고 말하는 사람도 막상 자신에게 닥치면 슬퍼하고, 분노하고, 후회하고, 걱정하고, 비교하고, 우울해지고, 무기력해진다.

따라서 힘든 사람을 대할 때는 슬퍼할 권리를 빼앗지 말자. 대신 함께 슬퍼하자. 그래야 슬픔이 빨리 끝난다. 걱정할 권리를 빼앗지 말자. 대신 함께 걱정하자. 그래야 걱정이 줄어든다. 분노할 권리를 빼앗지 말자. 대신 함께 화를 내자. 그래야 화가 빨리 풀린다. 무기력할 권리를 빼앗지 말자. 대신 함께 쉬어 주자. 그래야 무기력이 빨리 사라진다.

혼자만의 시간도 필요해

혼자 있고 싶을 때가 있다. 이럴 때는 누군가와 함께하는 것보다 혼자가 더 편하게 느껴진다. 상대방이 싫어서가 아니다. 그저 함께보다 혼자가 더 마음 편하다는 것이다. 다르게 얘기하면 소통하는 것이 싫어진다.

혼자인 나도, 함께인 나도 나답다

소통이 싫어지는 이유는 여러 가지가 있지만, 가장 주된 이유는 소통이 벅차게 느껴지기 때문이다. 원래 혼자 있는 것을 좋아하는 사람은 혼자 있으면 편하다고 느낀다. 소통이 힘들 때는 자연스럽게 평소보다 더욱 혼자 있고 싶어진다. 이렇게 자신의 성향과 마음이 잘 맞아떨어지는 것을 '자아동조적' 상태라고 한다. 이런 사람은 혼자 있을 때에도 그렇지 않을 때에도 자신이 달라졌다고 느끼지 않는다. 그리고 혼자 있는 시간이 주는 안정감에 더 만족한다. 예를 들어, 독립적인 사람은 혼자서 생각하고 해결해야 한다. 누군가 옆에 사람이 있으면 생각을 할 수 없다. 이런 순간에는 혼자 있는 것이 편하고 만족스럽다.

그러나 평소에 혼자 있는 것을 싫어하던 사람이 갑자기 혼자가 좋아지면 당황스러움을 느낀다. 이런 상황은 원래 자신이 아닌 것 같은 느낌을 준다. 이를 '자아비동조적' 상태라고 한다. 그래서 처음에는 마음이 원하는 것을 거부한다. 혼자가 좋다는 마음이 드는데도 억지로 누군가와 있으려고 한다. 그러다 보니 지치게 마련이다. 이럴 때는 굳이 누군가를 만날 이유가 없다.

혼자 있고 싶은 마음을 항상 같이 있던 사람이 싫어진 것으로 잘못 받아들이기도 한다. 그래서 사랑하는 사람과 헤어지기도 한다. 그러나 누군가를 사랑하는 마음과 혼자 있고 싶은 마음은 별개다. 혼자 있고 싶은 기간이 지나면 후회하게 된다. 부부도 혼자 있고 싶어질 때가 있다. 평소에 사이가 좋지 않은 경우는 크게 힘들어하지 않는다. 혼자 있고 싶은 마음이 먼저 든 것인데, 상대방이 자신을 괴롭혀서 든 마음이라고 합리화하기도 한다. 하지만 사랑하는 사람이 옆에 있는데 혼자 있고 싶어질 때는 마음이 괴롭고 복잡하다. 자녀를 사랑하는 사람이 혼자 있고 싶어지면 죄책감에 시달리기도 한다.

그러나 혼자 있고 싶은 마음은 자연스러운 것이다. 인간은 자신에 대해 일관성을 유지하고자 하는 경향이 있지만, 이럴 때의 나도 저럴 때의 나도 다 나에 해당한다는 것을 인식해야 한다.

예민해서 혼자 있고 싶은 사람

예민한 사람은 혼자 있는 것이 더 편할 수 있다. 자신이 느끼는 감정을 깊이 생각하다 보면, 혼자 있는 것이 정신적 안정감을 주기 때문이다. 지나치게 많은 자극에 노출됐을 때 불안감과 스트레스를 느끼는 이들에게는 혼자 있는 시간이 소중한 휴식이다. 그런데 예민함 때문에 사람들과 못 지낸다고 생각하면 왠지 패배자인 것 같다. 어디 가서나 잘 어울리는 사람과 자신을 비교하면서 열등감에 사로잡히기도 한다. 억지로 부닥쳐서 이겨 나가야 한다는 생각에 고통을 자초하기도 한다.

하지만 모든 것에 예민한 사람은 없다. 만약 이 세상의 모든 것에 다 예민하게 반응한다면 그건 정말 힘들 것이다. 우리 모두는 무언가에 예민하면서 동시에 무언가에는 예민하지 않다. 예를 들어, 내향적인 사람들은 웅성거리고 시끄러운 소리에 예민하다. 대신 혼자 있을 수 있는 능력이 높다. 외향적인 이들은 웅성웅성 시끄러운 소리에 둔감하다. 대신 혼자 있을 수 있는 능력이 낮다. 사람은 각자마다 편안하게 느끼는 상황과 예민한 상황이 다르다.

누군가는 살면서 사람들과 너무 오래 어울리다 보니 쓸데없는 잡담을 점점 소음처럼 느낄 수 있다. 이런 사람은 인간이 언어의 형식으로 발생시키는 소음에 예민할 뿐이다. 이른바 사회생활을 잘 하는 이들은 사람들의 언어 소음에 둔감한 것이다.

계속 남과 어울려야만 하는 외향적인 사람은 혼자 있는 것에 예민하다. 자신만 놔두고 사람들이 모여 있으면 그들이 무엇을 하는지, 왜 그러는지 예민해진다. 자신을 미워하는 것이 아닌가 걱정되고, 따돌림받는 것인가 걱정된다. 그러다 보면 아무 일도 아닌 것에 짜증을 낸다. 그들은 혼자 있는 능력이 부족한 것이다.

겁이 많아서 예민한 이들이 있다. 주위 상황에 변화가 있을 때 본인에게 위험이 되는 부분에 예민하다. 그러다 보니 위험을 확대 해석하기 일쑤다. 삶의 영역이 지나치게 축소되고, 좁은 영역에서 조심스럽게 살아가게 된다. 이럴 때는 자신도 모르게 짜증이 나고 불편함을 느낀다. 그러다 보니 주변의 만만한 사람에게 분풀이를 한다. 하지만 그 과정에서 자신의 불안한 심리를 더욱 악화시킬까 두렵다. 결국 혼자만의 공간에서 편안함과 안정감을 찾으려 한다.

우울한 마음은 아닌지 들여다보기

혼자 있고 싶어지는 가장 흔한 이유는 사실 우울증이다. 우울증에 걸리면 일상적인 힘이 달린다. 평소 옆에 있는 사람에게 최선을 다하던 사람은, 마음이 힘들 때조차도 평소처럼 이것저것 하게 된다. 그러나 우울한 기분으로 힘을 내는 것은 생각보다 어렵다. 이럴 때는 차라리 혼자 있는 것이 나을 수 있다. 한편으로는 주변 사람들에게 실망감을 줄까 두려워지기도 한다. 얼핏 생각하면 그냥 힘들다고 안 하면 될 것 같지만 현실에서는 그렇게 간단하지 않다. 그런 고통스러운 습관은 무서운 것이기 때문이다. 결국 그런 마음속의 두려움이 나를 더욱 지치게 하고 심리적으로 고통스럽게 만든다.

문제에 부딪쳤을 때 사람은 저마다 해결 방법이 다르다. 아무리 가까운 사이도 혼자 있고 싶을 때, 만나고 싶지 않을 때가 있다. 우리는 상대방을 생각해서 억지로 만나고는 하지만 그런 관계가 길어지다 보면 결국 서로 지치게 된다. 힘든 날은 억지로 만나지 않는 것이 좋다. 그런 순간을 포기하는 것은 자신을 아끼는 방법일 수 있다. 혼자 있는 시간도 소중하게 여겨야 한다.

# 소극적인 사람의
사회생활

소통은 사람의 성향에 따라 적극적 소통과 소극적 소통으로 나눌 수 있다. 적극적 소통을 선호하는 사람은 어떻게든 대화를 많이 하려고 하며, 대체로 자신이 말을 잘한다고 생각한다. 관계가 조금만 멀어지는 것 같으면 더 자주 연락하고, 선물이나 겁박으로 접촉을 늘리려는 경향이 있다. 반면 소극적 소통을 선호하는 사람은 대화를 적게 하려고 한다. 전화보다는 문자를 선호하고, 문제가 발생했을 때는 자신의 기분이 나아질 때까지 만나지 않는 것을 좋아한다. 이러한 소통 방식의 차이점은 각자의 성격과 상황에 대한 선호도를 드러낸다. 때로는 서로의 입장을 이해하는 데 도움이 될 수 있다.

적극적이라고 하면 말이 많은 것을 생각하고 소극적이라고 하면 말이 적은 것을 떠올린다. 물론 말이 많은 사람이 더 많이 행동하는 편이지만, 결정적인 행동은 말의 양에 좌우되지 않는다. 상대방이 마음에 들지 않으면 자연스럽게 말이 줄어드는 것이 당연하다. 상대방이 이상한 사람이라 생각해서 말을 하지 않는 것인데, 눈치 없는 사람들이 자꾸 부추기면 더욱 압박감을 느끼게 된다. 이런 상황에서 누군가의 말을 듣는 것이 부담될 수 있다. 또 마음이 급해질 때는 마치 나쁜 마법에 걸린 기분이 든다. 왠지 실수하게 되고 말하는 것이 더욱 두려워진다. 그러므로 말이 안 나올 때 '말하지 못한다'고 생각하기보다는 '말하기 싫다'고 여기는 것이 더 편하다. 세상을 망치는 것은 사실 적극적인 사람이다. 소극적인 사람은 세상이 흔들리지 않게 해준다. 소극적인 사람이 없으면 이 세상은 이리저리 흔들리다 붕괴될 것이다.

소극적인 사람들을 위한 회사 생활 소통 법칙

소극적인 사람은 조직에 꼭 필요한 존재다. 그들은 신중하고, 깊이 생각하며, 감정을 드러내지 않고 조용히 자신의 역할을 수행한다. 하지만 소극적인 사람도 힘든 상황에 부딪친다. 발표하거나 회의에서 자기주장을 하는 것이 가장 자주 접하는 어려움이다. 그런데 이보다 좀 더 암묵적이고 미묘한 상황에서 어려움을 겪는 경우가 많다.

우선 무엇을 해야 할지 모르는 상황이 생길 때가 있다. 혼란스러울 수 있지만 이런 상황에서는 우선 아무것도 하지 않는 것이 상책이다. 주변에 방해되지 않으려면 가만히 있는 것이 가장 안전하다. 아무것도 하지 않으면 사람들은 알아서 피한다. 반면 내가 움직이면 상대에게 방해될 수 있다. 열심히 노력해야겠다는 생각이 드는데 정작 뭘 해야 할지 모르는 상태에서 하면 오히려 방해되는 경우가 발생한다.

일단 부탁하는 것만 하자. 매번 똑같이 부탁하는 것을 미리 해 두면 상대방은 눈치 있게 행동하는 사람으로 인식할 수 있다. 상대방에게 도움되어야 한다고 생각하면서 더 하려다 보면, 오히려 실수할 가능성이 높다. 도움되고자 하는 마음에 계속해서 무엇을 해야 할지 물어보는 것도 방해될 수 있다. 따라서 필요한 일만 열심히 처리하는 것이 가장 좋다.

실수하면 소극적인 사람은 남보다 더 당황한다. "왜 물어보지 않았느냐"라는 질책을 받으면 겁이 난다. 하지만 물어보지 않았던 데는 분명한 이유가 있다. 물어보는 것이 무서운 경우가 있다. 어쩌다 한 번 그 일을 하게 되었을 때 문제가 발생하지 않자, 그 이후에도 물어보지 않게 된 것이다. 그러나 똑같은 일도 난도가 다를 수 있다. 전에는 알아서 할 수 있는 일이었기 때문에, 난도가 높아져도 혼자 해결할 수 있다고 착각한다. 그러면 결국 실수하게 된다. 나도 왜 그랬는지 모르겠지만, 물어보지 않은 내 잘못이 아니라 물어볼 수 없는 분위기를 만든 이가 잘못한 것이다. 실수했을 때 나를 탓하지 말자. 결국은 익숙해진다. 적극적인 사람이라고 실수하지 않는 것은 아니다. 적극적인 이는 큰 실수를 하고 소극적인 이는 작은 실수를 할 뿐이다.

　누구라도 하기 싫은 일을 떠넘기고는 적극적이지 않다고 질책받기도 한다. 이때 상대방은 단순히 시키는 일을 더 빨리, 더 열심히 하라는 의미로 말하는 것이다. 시키지 않은 다른 일에도 신경 쓰는 것은 상급자가 생각하는 '적극적'에 포함되지 않는다. 상급자가 말하는 '적극적'은 단순 작업을 반복적으로 더 빨리하라는 의미다. 그 일은 누가 하더라도 자발적으로 더 열심히 할 수 없는 일이다.

　사람들은 자신이 재미있는 일을 하고 싶어 한다. 그런데 내가 재미있는 것은 남도 재미있어 한다. 내가 싫어하는 일은 남도 싫어하게 마련이다. 그러다 보니 조용하고 반발하지 않을 것 같은 소극적인 사람에게 가장 지겨운 일이 배당되고는 한다. 이렇게 누구나 싫어하는 일에서는 어떻게든지 빠져나가야 한다. 나는 이 일을 열심히 하면 그 모습을 보고 더 중요한 일을 시켜 줄 것이라고 기대한다. 하지만 싫어하는 일을 열심히 해내면 사람들은 나에게 그 일만 시킨다. 내가 아니면 싫어하는 일을 할 사람이 없기 때문이다. 아무리 이야기해도 벗어나기 힘든 상황이 생기기 마련이다.

지루하고 힘든 일이면 그나마 낫다. 누가 해도 제대로 평가받지 못하는 일을 맡으면 더욱 괴롭다. 이런 일은 해도 욕먹고 안 해도 욕먹는다. 그런 일에서 벗어나기 위해 하고 싶지 않다고 자기 의사를 밝혀도 소용없다. 내가 안 하면 다른 사람이 해야 하는데, 아무도 원하지 않기 때문이다. 따라서 가장 좋은 방법은 그냥 일을 못하는 것이다. 원하는 결과를 내지 못하면 남이 하게 된다.

만약 해도 욕먹고 안 해도 욕먹는 상황이라면, 한다고 해 놓고 못하는 것이 최선일 수 있다. 처음부터 대놓고 "안 한다"라고 말하면 상대방은 내가 어떻게든 그 일을 하도록 설득할 것이다. 그러다 보면 어쩔 수 없이 일을 하게 될 수도 있다. 일을 한다고 해 놓고 못하면 계속 재촉받거나 비난받을 수도 있다. 그 역시 좋지는 않다. 그러나 번번이 설득되어 괴로운 일을 하느니, 일을 못한다고 비난받는 쪽이 더 낫다. 그래야 그 일에서 벗어날 수 있기 때문이다.

결국 적극적 소통 방식이 항상 효과적인 것은 아니다. 특히 소극적인 사람들은 자신의 성향에 맞는 방법으로 소통하고 대처할 수 있어야 한다. 적극적인 사람들의 압박 속에서도 자신의 목소리를 잃지 않도록 조심해야 하며, 자신에게 맞는 소통 방식을 발견해야 한다. 소극적인 사람은 자신을 지키는 방법을 익혀야 한다. 할 수 없는 일은 거부하고, 필요한 도움을 요청하며, 때때로 침묵을 선택하는 것이 바람직하다. 이렇게 자신의 입장을 확고히 하면서도, 상대방과의 소통에서 균형을 찾아 나간다면 더욱 건강한 관계를 유지할 수 있을 것이다.

눈 좀
안 마주치면 어때

사람들은 대화할 때 눈을 마주치지 않으면 마치 큰 잘못이라도 저지른 것처럼 말한다. 자존감이 낮아서 그렇다, 집중을 못해서 그렇다, 예의가 없어서 그렇다 등 여러 이유를 대며 비난하기도 한다. 그러나 눈을 마주치지 않는 사람은 그만의 이유가 있는 법이다. 눈을 마주치면 오히려 대화가 더 어색해진다. 눈을 마주치지 않고 대화를 이어 가는 것과, 눈을 마주친 채 침묵하는 것 중 무엇이 더 나을까? 눈을 마주치지 못하는 이에게는 눈을 마주치지 않는 것이 최선이다.

눈을 마주치지 못하는 이유

눈을 마주치지 못하는 이유가 단순히 어색함 때문일 수 있다. 특별한 이유가 있는 것은 아니지만 막연하게 두려울 수도 있다. 그러나 시간이 지나 익숙해지면 자연스레 눈을 마주치게 된다.

지금 시대는 눈을 맞추고 대화하는 것이 당연하게 여겨지지만, 과거 조상들이 살던 때는 달랐다. 왕이 길에서 마주치는 이를 이유 없이 죽이던 시절에는 눈을 피하는 것이 현명했다. 사극을 보면 양반들이 가장 자주 하는 말이 "어딜 눈을 치켜뜨고 봐!"였는데, 그만큼 눈을 내리까는 것이 공경의 표시였다. 나보다 신분이 높은 사람을 쳐다보는 것간으로도 큰 벌을 받곤 했던 것이다. 그 시대에는 어떤 상황에서든 눈을 마주치지 않는 것이 최선의 선택이었다. 지금은 눈을 피한다고 핀잔을 듣지만, 어쩌면 우리 조상들이 눈을 마주치지 않고 지혜롭게 대처했기에 오늘날 우리가 있는 것일지도 모른다.

그런데 지금이라고 해서 정말 상황이 달라졌을까? 사실 대부분의 사람은 낯선 사람이 자신과 눈을 마주치느냐 마느냐에 크게 신경 쓰지 않는다. 잘 모르는 사람이 고개를 숙이며 지나가면 그러려니 하며 지나칠 뿐이다. 오히려 빤히 쳐다보는 쪽이 이상하게 느껴진다. 눈을 마주치지 않아 답답함을 느끼는 가장 흔한 경우는 누군가를 야단칠 때다. 상대가 눈을 피하면 야단치는 맛이 나지 않는다는 것이다. 상대가 두려움에 떠는 얼굴을 보고 싶어 고개를 들라고 요구하기도 한다. 그런데도 원하는 눈빛이 나오지 않으면 "어딜 빤히 쳐다봐?"라며 화를 내기도 한다. 불쾌한 감정을 드러내기보다는 차라리 눈을 마주치지 않는 게 더 나을 때가 있다. 눈을 마주치지 않으면 그 외에는 트집을 잡기 어려워지기 때문이다.

직원이 고객과 눈을 마주치지 않아도 대부분 별일 없다. 고객은 단지 물건을 사러 온 것일 뿐, 눈을 마주치든 말든 원하는 물건을 구매하면 그만이다. 다만 고객의 질문에 답해야 할 때는 상황이 조금 달라진다. 이때는 눈을 마주치며 대화하는 것이 의사소통에 도움이 된다. 눈을 피한 채 이야기해도, 때때로 건방지다는 오해를 살 수도 있지만 대부분은 그냥 지나간다. 어차피 내 가게도, 내 회사도 아니니 맡은 일만 잘하면 된다. 눈을 마주치는 것이 부담스러운 사람에게는 불편한 상태에서 대화를 이어가는 것 자체가 힘겹다. 특히 길게 설명하는 것은, 눈을 맞추든 맞추지 않든 고단하기는 마찬가지다. 이런 경우 남에게 맡기면 된다. 사장은 직원이 좀 더 친절하게, 고객을 향해 웃으며 응대하기를 바란다. 그러나 눈을 마주치든 마주치지 않든 내가 받는 월급은 똑같다. 그렇다면 가능한 한 신경 끄고 일하는 것이 오히려 나에게 이득이다.

　누군가가 나를 평가할 때는 억지로라도 눈을 마주치는 것이 유리하다. 취업 인터뷰가 대표적이다. 그런데 왜 알면서도 눈을 마주치지 못할까? 눈을 마주치면 나의 속마음을 꿰뚫어 볼 것 같아서다. 인터뷰에서 구직자의 약점을 파악하려는 미끼 질문이 있다. 예를 들어, 사람들이 자신에 대해 잘못 알고 있는 점이 무엇인지 묻는다. 구직자는 "융통성이 없다고 오해받는다", "느리다고 오해받는다", "세부를 너무 중요시한다고 오해받는다"라며 자신의 약점을 드러내곤 한다. 그러나 약점은 애초에 언급하지 않는 것이 최선이다. 그럼에도 구직자가 질문에 대답하는 이유는 무엇일까? 바로 두려움 대문이다. 면접관이 자신을 오해할까 겁이 나는 것이다. 일부 사람들은 거짓말할 때 눈을 마주치지 못한다. 거짓말이 탄로 날까 두려운 탓이다. 인터뷰에서는 진심을 감추고, 마음에 없는 말까지 해야 하며, 자신을 좋은 모습으로 꾸며 내야 한다. 이런 어색한 상황이 진실된 눈 맞춤을 더 어렵게 만든다.

　때로 화가 나면 눈길을 피한다. 상대에게 화를 낼 수도 없고, 그렇다고 아무 일도 없는 것처럼 웃어넘길 수도 없는 상황에서는 차라리 눈을 마주치지 않는 것이 해결책이다. 눈을 마주치고 이야기하다 보면 참았던 화가 터져 나올 것 같기 때문이다.

또 미안한 마음이 있어도 사과의 말이 쉽게 나오지 않을 때 눈을 피하게 된다. 상대방 입장에서는 잘못하고도 눈을 피하는 것이 이해되지 않을 수 있지만, 정작 당사자는 미안한 마음이 너무 커서 오히려 말을 꺼내지 못할 수도 있다. 때로는 미안하지만 잘못을 인정하면 너무 창피할 것 같아 사과하지 못하는 경우도 있다. 심지어 미안한 마음과 화가 동시에 들 때는 더욱 눈을 마주치지 않게 된다.

상대가 내 마음을 알아챌 것 같다는 막연한 피해의식 때문에 눈을 마주치지 못하는 경우도 있다. 흔히 '시선 공포증'이라 불리는 이 현상은, 내 속마음이나 나쁜 생각이 상대에게 들킬 것 같다는 두려움에서 비롯된다. 눈을 마주치면 상대가 나에게 화를 내거나 나쁘게 생각할 것 같아 눈을 피하게 된다. 이런 경우에는 피해의식을 줄이는 정신과 치료가 도움이 될 수 있다.

평소에는 그러지 않던 사람이 우울증을 겪으면서 사람들과 눈을 마주치지 못하는 경우도 있다. 6개월에서 1년 정도 지나 우울증이 저절로 나아지면 다시 자연스럽게 눈을 마주친다. 우울증을 앓을 때는 사람과 함께 있는 것이 불안하고 어색하게 느껴지지만, 그 이유를 명확히 알 수 없어 다른 사람들마저 두려워진다. 그러나 우울증이 회복되면 이러한 두려움도 함께 사라진다.

눈 맞춤은 필요에 의한 선택 사항

눈을 마주치는 것 자체는 그리 중요하지 않다. 편안한 사람이라면 나도 자연스럽게 눈을 마주친다. 나를 잘 이해하고 편하게 대하는 상대라면 내가 눈을 마주치든 말든 신경 쓰지 않을 것이다. 눈을 마주치지 않아도 불편함 없는 친구와 어울리고, 꼭 눈을 마주쳐야 하는 자리나 부담스러운 모임은 피하자.

직장 생활을 위해 억지로 눈을 마주치는 연습을 하기보다, 눈을 마주치지 않아도 되는 일을 찾아보자. 인터넷이나 전화, SNS로 할 수 있는 일들이 그 예이다. 비행기 조종사는 비행하는 동안 눈을 마주칠 필요가 없다. 오히려 옆 사람과 잡담을 나누다가는 사고가 날 위험이 있다. 마찬가지로 화가는 그림을 그릴 때, 작곡가는 음악을 만들 때 눈 맞춤이 필요 없다. 작품이 좋으면 그걸로 충분하다.

만약 눈을 마주치는 것이 필수인 일을 하고 싶다면, 그때도 걱정할 필요는 없다. 정신건강의학과에서 상담받고 필요한 경우 약의 도움을 받으면, 그 효과가 지속되는 동안 눈 맞춤이 수월해질 수 있다.

미안하다는 말을
내려놓는 연습

사람은 남이 자신을 미워하는 것을 좋아하지 않는다. 다만 이를 얼마나 신경 쓰느냐는 사람마다 다르다. 누군가는 남의 마음을 상하게 할까 봐 항상 미안하다 말하고, 거절도 잘 못하며 살아간다. 반면 누군가는 대면하지 않는 한 누가 자신을 어떻게 생각하든 크게 신경 쓰지 않는다.

잘못이 없으면서도 곤란한 상황을 피하려고 거짓으로 미안하다고 말할 때가 생긴다. 공적인 상황에서는 어쩔 수 없이 이런 태도가 필요할 때가 있다. '고객과 싸워서 이기지 말라'는 말이 있다. 논리적으로 설득해 잘못을 받아 내더라도 그 고객이 다시는 가게를 찾지 않는다면 결국 손해를 보게 되기 때문이다. 직장에서도 상사에게 미안하다고 해야 할 때가 있다. 상사에게 좋은 인상을 남겨야 승진이나 월급 인상으로 이어질 가능성이 높기 때문이다. 아부할 필요는 없지만, 굳이 상사의 기분을 상하게 할 이유도 없다. 이는 이익을 위해 어쩔 수 없이 미안하다고 하는 경우로, 비유하자면 누군가 총을 겨누고 있을 때 잘못이 없더라도 미안하다고 하는 것과 같다.

그런데 잘못한 것도 없고, 누가 강요하는 것도 아닌데 남들이 나에 대해 혹시나 부정적인 감정을 품고 있지 않을까 하는 불안에 사로잡힌 사람들이 있다. 상대가 나를 조금 미워하거나 싫어한다고 해서 실질적인 손해를 보는 것도 아니고, 그가 내게 영향을 미칠 수 있는 것도 아닌데 마음이 편치 않다. 그래서 먼저 상대방에게 연락하고, 상대방이 조금이라도 불만을 표현하면 잘못한 것도 없이 이런저런 변명까지 한다. 때로는 진심이 아닌 사과를 건네기도 한다. 하지만 상대가 그 사과를 받지 않으면, 더 조바심을 내며 끊임없이 매달리고 연락을 이어 간다. 도대체 어떤 심리로 이렇게까지 행동하게 되는 걸까?

습관적으로 사과하는 이유

두려움이 사과의 이유로 작용하기도 한다. 어려서부터 겁이 많은 사람이 자라는 과정에서 반복적으로 야단맞거나 체벌을 당했다면, 그의 마음은 항상 두려움으로 가득 차게 된다.

부모나 자신을 돌봐 주는 이의 마음에 조금이라도 거슬리는 행동을 할 때마다 차별이나 불이익으로 이어지는 경험을 했다고 가정해 보자. 나이가 들고 상황이 달라져 이제는 누군가를 조금 불편하게 해도 큰 문제가 되지 않는 순간이 오더라도, 그 사람은 어린 시절의 트라우마 때문에 여전히 타인의 마음을 상하게 하지 않으려 한다. 공포와 불안을 이기지 못하고, 무조건 갈등을 피하고자 하는 것이다.

항상 먼저 사과하고, 미안하다고 말한다. 누가 잘못했는지는 중요하지 않다. 그에게는 갈등 자체가 견딜 수 없는 두려움과 불안을 일으키기 때문이다. 내면의 불안 때문에 무조건 져도 좋으니, 상황을 빨리 수습하고자 하는 것이다.

관심에 대한 갈망도 사과와 양보의 배경이 될 수 있다. 앞서 설명한 경우가 '남을 불쾌하게 만들지 않으려는 마음'에서 비롯되었다면, 이번 경우는 '남을 즐겁게 하고 싶은 욕구'에서 비롯된다. 이러한 사람은 늘 칭찬받고 싶어 하고, 좋은 사람으로 기억되고 싶어 한다. 인간에게는 '자서전적 기억'이라는 것이 있다. "나는 이런 사람이다", "나는 저런 사람이다"라는 자기 확신과 느낌이 우리의 인격을 이루는 대들보 역할을 한다. 이러한 인격이라는 집이 세워지면, 그 관점에서 타인을 바라보고 평가하게 된다.

하지만 반대의 경우도 있다. 남의 시선과 관심을 통해서만 자신을 바라보고 평가하는 것이다. 자신의 존재가 미약하게 느껴져 남들이 나쁘게 보면 자신도 나쁜 사람인 것 같고, 남들이 좋게 보면 자신도 좋은 사람인 것 같다. 그래서 '괜찮고 좋은 사람'이라는 느낌을 유지하려면 항상 남에게 잘해야 한다고 여긴다. 결국 항상 미안하다고 하고, 양보하고, 착한 사람이 되려고 애쓰는 것이다.

거절에 대한 민감도가 높은 사람

거절에 대한 민감도가 극단적으로 높은 경우 타인에게 지나치게 신경 쓰게 된다. '거절에 대한 민감도'는 심리학 용어 'Rejection sensitivity'를 직역한 표현이다.

영화에서 남자친구와 헤어진 후 손목을 긋고 자살을 시도

하는 장면을 보곤 한다. 실제로도 누군가에게 버림받을 두려움 때문에 자해하는 환자들을 만난다. 때로는 헤어지려는 상대를 붙잡기 위해 자살하려는 모습으로 비춰지지만, 그보다는 거절당하는 두려움에 내면의 분노, 슬픔, 외로움이 겹쳐져 강렬한 감정을 만들어 내는 경우가 많다. 거절이 두려운 사람은 헤어짐을 피하고자 무조건 잘못을 인정하고 사과한다. 심지어는 용서를 구걸하며, 상대가 자신을 버리지 않게끔 하기 위해 끊임없이 노력한다.

내 감정을 소중히 다루는 연습

　남들이 나를 싫어하거나 미워하는 것에 지나치게 신경 쓰는 사람은 다음 세 가지를 기억하면 도움이 된다.
　첫째, 자신의 내면에 자리한 불안과 두려움을 직면해 보자. 어린 시절의 나는 키워 주던 이들 앞에서 매우 미약했다. 하지만 어른이 된 지금, 나는 그때와 같이 약한 존재가 아니다. 내 마음속 두려움과 불안이 지나치게 과장되었음을 자각하자. 이제 남들은 성숙한 나를 쉽게 흔들 수 없다. 나를 이래라저래라 할 수 있는 사람은 아무도 없다.

둘째, 자신을 있는 그대로 사랑하고 남의 말에 흔들리지 않도록 노력하자. 내가 다른 사람들에게 신경 쓰듯 남들도 나에게 신경 쓸 수 있다. 스스로 평가하는 것보다 나는 더 큰 존재감을 가지고 있다. 내가 가고 싶은 곳에 가고, 먹고 싶은 것을 먹고, 보고 싶은 것을 보며 나 자신을 만들어 가자. 남의 관심은 점차 덜 중요해질 것이다.

셋째, 나를 지켜 줄 사람을 찾아다니는 마음가짐을 버리자. 국가 간의 관계에서도 스스로 방어할 수 있는 국방력이 있을 때 외교가 가능하듯, 대인 관계에서도 마찬가지다. 내가 나를 지킬 수 있는 힘이 있어야 존중받을 수 있다.

남에게 보호받고 도움받기만을 기대하는 대신, 나 또한 상대방을 지키고 보호할 수 있는 힘을 가지려고 노력해야 한다. 그렇게 할 때 비로소 상호 존중하는 관계를 유지할 수 있다.

앞으로는 남이 나를 싫어할 권리를 인정하되 나도 싫어할 수 있음을 기억하자. 남이 나를 미워할 권리를 존중한다는 건 나 또한 남을 미워할 자유를 가진다는 뜻이다. 복수심이 강한 사람은 굳이 말하지 않아도 누군가 자신을 싫어하면 본인도 상대를 싫어한다. 누군가 자신을 미워하면 그에 맞서 자신도 미워하는 것이다.

그러나 태어날 때부터 누군가를 싫어하거나 미워하지 못하는 사람도 있다. 이런 사람에게 '상대가 너를 싫어하건 말건 신경 쓰지 말라'고 해도 그럴 수 없다. '상대를 미워하지 않아도 된다'고 해도 마음대로 되지 않는 것처럼 말이다.

이런 경우 타인의 감정에 매이지 않도록 연습하고, 남의 감정만큼 내 감정도 소중히 다루는 노력이 필요하다.

 ## 말 많은 사람과
말 잘하는 사람

지하철에서 끝없이 전화하는 사람들이 있다. 상대방이 끊으려 해도 계속 이런저런 얘기로 화제를 돌리며 전화를 끊지 않으려 한다. 기나긴 통화가 끝나고 이제 조용해지나 싶으면, 또다시 누군가에게 전화한다. 이런 사람들은 밥을 먹거나 유튜브 볼 때를 제외하면 계속 말을 해야 한다. 게임을 할 때도 시끄럽다.

어렸을 때 잠시도 가만히 있지 못하는 사람들이 있다. 이런 사람은 끝없이 움직여야 하는 과잉 행동을 보인다. 그러나 중고등학생이 되면 적어도 엉덩이는 의자에 붙이고 있을 수 있게 된다. 이 시기부터 과잉 행동은 과잉 언어로 바뀌기 시작한다. 누가 되었건 말할 상대가 필요하며, 그 앞에서 자기 이야기를 하느라 정신이 없다. 수업 시간에도 옆 친구에게 계속 말을 건다. 직장에서도 시간만 나면 쓸데없는 잡담을 이어 간다.

이들은 머리에서 떠오르는 대로 말한다. 생각이 걸러지지 않고 입으로 내뱉어지기 때문에, 그런 유창함을 말 잘하는 것으로 착각하기도 한다. 그러나 이는 듣는 사람의 입장을 고려하지 않고 자기 하고 싶은 말만 쏟아 내는 것이다.

과거에 있었던 일을 얘기할 때는 마치 중계방송을 듣는 것 같다. 그 사람이 이렇게 얘기했고, 자신이 저렇게 대답했으며, 다시 그 사람이 이렇게 이어 갔고, 자신은 또다시 저렇게 대답했다는 식으로 필요 없는 부분까지 미주알고주알 얘기한다. 자기가 말하고 자기가 웃는다. 듣는 이가 마지못해 함께 웃어 주면, 진짜 웃겨서 웃는 줄 알고 더 빨리 더 많이 얘기하려고 한다. 듣다 못한 상대방은 지겨워서 스마트폰을 홀끗홀끗 본다. 이제 알아서 얘기를 그만해야 할 타이밍인데도 상대방이 듣건 말건 여전히 떠든다. 자신이 생각하기에 중요한 부분인데, 듣는 이의 눈이 스마트폰에 가 있으면 팔을 건드려 관심을 강요하기도 한다. 듣다가 지친 주변 사람은 자연스레 말 많은 이를 피하게 된다. 그러면 사람들이 아무 이유 없이 자신을 피한다며 화를 내기도 한다.

말 많은 사람의 두 가지 유형

말이 많은 사람은 충동형과 강박형으로 나눌 수 있다. 충동형은 어렸을 때부터 가만히 있지 못하고 계속 뭔가를 한다. 앞서 언급했듯이 이러한 과잉 행동은 나이가 들면서 과잉 언어로 변한다. 그들은 일어난 일은 무엇이든지 다 이야기해야 한다. 충동형인 사람이 많이 사용하는 화법은 중계방송과 같다. 결론만 얘기하면 될 것을 시시콜콜하게 말하며, 같이 있는 사람을 계속 놀리기도 한다. 상대방이 웃으면서 그만하라고 해도 멈추지 않다가, 화를 내면 자신이 무슨 잘못을 했는지 묻는다. "너도 함께 웃지 않았냐?"라고 반문하기도 한다.

강박형은 같은 이야기를 반복한다. 한 번만 말해도 될 것을 두 번, 세 번, 다섯 번, 심지어 열 번까지 반복해야 충분히 얘기했다고 생각한다. 듣다 지친 상대방이 말을 꺼내려 하면 "내 얘기를 먼저 들어 봐"라고 말하고, 말을 막으면 화를 내기도 한다. 이러한 사람들은 이야기를 중간에 끊어도 소용이 없다. 축구에 인저리 타임이 있듯이, 상대방이 끊어서 말을 못한 시간만큼 추가로 이야기해야 마무리된다. 결국 핑계를 대고 자리를 뜨거나, 끝날 때까지 듣는 것이 가장 빠른 방법이다.

껄끄러운 상대가 계속 자기 얘기만 해서 힘들더라도, 말하는 이가 지칠 때까지 들어 주는 것이 좋다. 아무리 말 많은 이도 중간에 멈출 때가 있기 때문이다. 그렇게 침묵이 찾아왔을 때 자리를 뜨면 된다. 내가 중간에 얘기를 하면 그 사람의 말만 길어진다. 질량 보존의 법칙처럼, 상대방의 시간이나 에너지를 특정한 양만큼 빼앗아야 말을 멈춘다. 어떤 이들은 상대방이 울거나 화를 낼 때까지 몰아세우기도 하는데, 그럴 때는 그냥 울어 버리는 것도 한 방법이 될 수 있다.

말 많은 사람이 조심해야 할 것

말이 많은 사람은 자신이 적어도 남들이 싫어할 말은 하지 않는다고 주장하지만, 어떤 말을 싫어하고 안 할지는 듣는 이가 결정하는 것이다. 듣는 이가 기분이 나쁘면 그 말은 기분 나쁜 것이다. 그러나 말 많은 사람은 누군가 자신의 말에 대해 기분이 나쁘다고 하면, 그럴 만한 말이 아니라고 주장한다. 그들은 상대방의 감정을 무시하며 자신의 말을 정당화하려고 한다. 그들은 상대방이 기분 나빠해서는 안 된다고 설득하지만 아무리 좋은 말이라도 계속 듣다 보면 지겹기 마련이다. 계속 듣고 있어야 한다는 것만으로도 상대방에게는 기분 나쁠 권리가 존재한다.

말을 많이 하다 보면 상대방이 기분 나빠할 말을 하게 마련이다. 처음에는 정치나 종교와 같은 민감한 소재를 말하지 않으려 해도, 대화가 이어지다 보면 결국 언급하게 된다. 민감한 주제가 아니더라도 상대방의 기분을 건드리게 되는 경우도 많다. 예를 들어, 특정 음식을 먹는 사람이 이해가 안 간다고 얘기했을 때 듣는 이가 그 음식을 매우 좋아할 수도 있다. 마찬가지로 음악, 자동차, 여행지에 대해 불평할 경우에도 상대방이 그것들을 좋아할 수 있다.

'아' 다르고 '어' 다르다고 하지만, 가장 중요한 것은 '아'나 '어'가 아니라 그 내용이다. '아'가 되었건 '어'가 되었건 말의 내용은 바뀌지 않는다. 나쁜 말은 다 나쁘게 들리고, 좋은 말은 좋게 들린다. 대체로 나쁜 내용에는 나쁜 말투가 따르고, 좋은 내용에는 좋은 말투가 따른다. 말이 많아지면 자연스럽게 상대방을 기분 나쁘게 하는 말을 하게 마련이다. 말이 많을수록 기분 나쁜 말도 늘어난다. 반대로 말이 줄어들면 기분 나쁜 말도 저절로 줄어든다.

그리고 나를 싫어하는 사람에게는 어떤 말이든 다 기분 나쁘게 들린다. 아무리 친절하게 달해도 소용이 없다. 그 사람이 나를 싫어하는 한, 그 사람 앞에서 말하지 않는 것이 최선이다. 그러나 혼자서 떠드는 것을 마냥 들어 주는 사람은 없다. 말이 많은 사람의 기분을 상하게 하고 싶지 않아서 웃는 척할 뿐이다.

일단 지겨워지면 무슨 말을 들어도 다 싫게 느껴진다. 시끄럽게 떠드는 사람의 말은 '야' 다르고 '어' 다르게 들리지 않는다. 누가 들어도 불쾌하게 느껴진다.

세상에는 말이 많고 말도 잘하는 사람이 있고, 말이 적어도 말을 잘하는 사람이 있다. 반면, 말만 많을 뿐 실질적으로 말을 못하는 사람도 있고, 말이 적고 말도 못하는 사람도 있다. 그러나 말이 적고 말도 못하는 사람이, 말이 많지만 말을 못하는 사람보다 훨씬 낫다. 말이 적고 말을 못하는 사람은 자신의 언어 능력이 부족하다는 것을 안다. 그래서 되도록 말을 적게 하려고 노력한다. 때때로 답답하다는 말을 듣지만 최소한 주변에 피해를 주지는 않는다. 반면 말이 많으면서도 말을 못하는 사람은 시끄럽다. 이들은 말도 안 되는 이야기만 늘어놓고, 남의 말을 듣지 않는다. 그럼에도 불구하고 자신이 말을 잘하는 것으로 착각한다. 결국 남들이 자신의 말을 알아듣지 못한다고 탓하기에 이른다.

말 많은 사람에서 말 잘하는 사람으로

말을 잘하느냐 못 하느냐를 결정하는 것은 내가 아니라 상대방이다. 상대방이 알아듣게 얘기하는 사람은 말을 잘하는 것으로 평가받는다. 따라서 말을 적게 하는 사람도 필요할 때 필요한 만큼만 말한다면 말 잘하는 사람이 될 수 있다. 반면 필요 없는 말까지 주절주절하는 사람은 말은 많이 하지만 사실상 말을 못 하는 사람이라고 할 수 있다.

가장 중요한 것은 상황과 상대에 맞게 말할 줄 아는 능력이다. 아무리 좋은 말이라도 누구 앞에서 하느냐에 따라 그 효과는 천차만별이다. 내용이 훌륭한 연설도 상황에 맞지 않으면 최악으로 전락할 수 있다. 예를 들어, 영어를 모르는 사람 앞에서 아무리 유창하게 영어를 구사해도 소용이 없다. 떠듬떠듬 말하더라도 그 사람의 모국어로 소통해야 효과를 볼 수 있다. 말 대신 손짓이나 발짓이 나을 때도 있다. 어린이와 대화할 때는 어린이의 언어로 소통해야 한다. 어느 나라에 사느냐에 따라 사용하는 언어가 다르듯, 각자의 문화, 경제, 사회적 처지에 따라 사용하는 말도 다르다. 같은 말이라도 각기 다르게 받아들여질 수 있다.

말이 많은 사람은 스스로 말을 잘한다고 착각하는 경우가 많다. 그러나 만약 사람들이 자신의 말을 알아듣지 못한다고 느낀다면 자각할 필요가 있다. 사람들이 당신의 말을 이해 못하는 것이 아니라, 당신이 알아듣지 못하게 말하고 있다는 사실을 말이다. 이럴 때는 차라리 침묵하는 것이 좋다. 적절한 침묵은 당신을 말이 많은 사람에서 말을 잘하는 사람으로 변화시킬 것이다.

말하고 싶지만
참아야 하는 순간들

같은 문제라도 누군가에게는 참을 만한 일이지만, 다른 누군가에게는 도저히 참을 수 없는 일이 되기도 한다. 참을 만하다고 여기는 사람은 굳이 문제를 키우지 않는 쪽을 선택한다. 괜히 긁어 부스럼 만드는 것보다 묵묵히 넘어가는 게 더 간단하다고 느끼는 것이다. 반면 참을 수 없는 이에게는 방관하기 어려운 문제다. 그 상황에서 무언가 행동하지 않으면 미칠 것만 같다. 그래서 효과가 있든 없든 소통을 시도한다. 하지만 그 시도가 반드시 원하는 결과로 이어지는 것은 아니다.

모든 일이 순조롭게 흘러갈 때는 소통의 필요성을 크게 느끼지 않는다. 소통의 필요성을 절실히 느끼는 순간은 대개 갈등이 발생했을 때다. 내가 얼마나 힘든지 알리고 싶고, 왜 네가 틀린지, 왜 내가 하자는 대로 해야 하는지도 전하고 싶다. 하지만 상대방도 마찬가지다. 그들 역시 자신이 얼마나 힘든지, 왜 내가 틀렸는지, 왜 자신이 옳은지를 전하고 싶어 한다. 그러다 보니 설득은 어느새 싸움으로 변질된다. 일단 싸움이 시작되면, 지고 싶지 않다는 생각이 강해져서 논리나 이유는 뒤로 밀려난다. 단지 이기는 것이 중요해진다. 대화가 길어질수록 흥분은 커지고, 흥분할수록 상대방도 나도 자신의 생각에 집착한다. 이럴 때는 대화를 잠시 멈추고 냉각기를 갖는 것이 필요하다. 말하고 싶어도 참고 기다려야 한다.

조급한 선언을 참아야 할 때

때로는 내가 참아도 상대방이 참지 못할 때가 있고, 반대로 상대방은 참는데 내가 참지 못할 때가 있다. 전투 상태에 돌입한 나는 상대방이 참고 있다는 사실을 알아채지 못하고, 오히려 상대방이 대화를 거부하거나 나를 무시한다고 생각한다. 그래서 상대방에게 끝없이 카톡을 보내고, 전화를 걸고, 장문의 문자를 보낸다. 심지어는 말 그대로 쫓아다니기도 한다. 하지만 상대방은 여전히 반응하지 않는다. 나는 심리적 추격을 멈추지 못하고, 상대방은 심리적 도망을 멈출 수 없다. 내가 가까이 다가갈수록 상대방은 더욱 멀리 달아난다. 내가 쫓아갈수록 상대방은 더욱 멀리한다. 이럴 때는 나 또한 참는 수밖에 없다. 이런 상황에서는 서로에게 유리한 대화를 기대할 수 없으며, 오히려 대화 자체가 독이 된다. 체념하고 대화를 포기하는 것이 나은 선택이다. 그런 상황에서 우리는 종종 '소통의 비법'을 찾는다. 소통의 비법을 알아내면 상황이 나아질 거라는 환상은 일종의 탈출구가 된다. 다만 그 비법을 찾되 실천하지 않는 편이 더 낫다. 차라리 주변에 불평불만을 털어놓으며 참다 보면, 시간이 흐르며 상황이 저절로 해결되기도 한다.

　결심이 서면 빨리 선언하고 싶어진다. 그래야 속이 후련하기 때문이다. 그래서 누군가를 안 보기로 결심하면 그냥 안 보면 될 일을, 굳이 "이제 더 이상 너를 만나지 않겠어"라고 선언한다. 그리고 다시 만나곤 한다. 모임에 계속 나가지 않다 보면 자연스럽게 멀어질 텐데도, 굳이 "더 이상 모임에 나가지 않겠어"라고 말한다. 그러고는 나중에 모임에 나가고 싶어 애걸복걸하기도 한다. 미래에 어떤 일을 결정해야 할 때, 나 역시 그날이 되어야 비로소 어떻게 할지 알 수 있을 때가 많다. 지금은 하겠다고 말하지만 막상 그날이 오면 하지 않을 수도 있고, 지금은 안 하겠다고 하지만 그날이 오면 할 수도 있다. 그런데 결심이 바뀔 때마다 "그날이 되면 이렇게 할 거야, 저렇게 할 거야" 하고 얘기하다 보면 나만 우스운 사람이 된다. 그러므로 미리 말하고 싶은 마음을 참아야 한다. 그날이 올 때까지 어떻게 할지 생각하지 않기로 마음먹는 것, 그것이 진정한 결심이다.

반복해서 말해야 할 때와
참아야 할 때

우리는 한 번만 말해도 될 일에는 지나치게 많이 이야기하고, 수없이 말해야 할 일에는 한 번만 이야기하고 끝내곤 한다.

내가 잘못한 일은 한 번만 이야기하고 싶다. 상대방이 내 말을 듣고 납득하는 태도를 보이면 그것으로 끝이라고 생각한다. 그러나 시간이 흐르고 그 일이 다시금 화두에 오른다. 나는 지나간 일이라며 넘기려 하지만, 상대방은 그때 한 번 미안하다 한 것으로 아픈 기억이 사라질 거라 생각했냐며 묻는다. 잘못을 반복해서 언급하며 사과하는 것은 쉽지 않다. 수치스러운 일을 내 입으로 다시 꺼내는 것이 괴롭고, 괜히 말해 상대방이 잊고 있다가 다시 떠올리게 될까 걱정된다. 심지어 갑자기 화를 낼까 봐 두렵기까지 하다. 상대방이 이제 그만하라고 할 때까지 사과하기 어려운 이유는, 그 이야기를 하면서 생기는 고통을 참기 힘들기 때문이다. 하지만 내가 진정으로 잘못했고, 진심으로 사과하고 싶다면, 그 고통을 감내하며 미안함을 표현해야 한다. 그렇지 않으면 상대방은 내가 잘못을 잊어버렸다고 생각할 것이다. 사실 다시 이야기를 꺼내지 않는 이유는 내가 실제로 잊어버린 탓도 있다.

반대로 우리는 누군가가 잘못한 일에는 같은 이야기를 반복한다. 지금도 생각할 때마다 화가 나고 슬프기 때문이다. 감정이 차오르면 뱉어야 하고, 참으면 오히려 괴롭다. 그러나 이렇게 말하면 상대방은 이를 싫어한다. 상대방을 괴롭히는 것이 목적이라면 참을 이유가 없다. 오히려 괴롭히기 위해서는 참지 않는 편이 더 유리하다. 상대방이 싫어하든 말든 상관없다면 감정을 참지 않는 것이 이득일 수 있다. 참는 것은 에너지를 소모하는 힘든 일이다. 그러나 상대방이 나를 좋아하길 바란다면, 듣기 좋은 이야기를 할 수 없을지라도 상대방이 싫어하는 이야기는 덜 하는 편이 낫다. 꼭 좋아하지 않더라도 더 이상 관계가 멀어지지 않기를 바란다면 그때야말로 참아야 한다.

좋아하는 사람에게
말을 걸고 싶어도 참아야 할 때

대화에는 항상 상대가 존재한다. 상대방은 나와의 소통에 큰 관심이 없을 수 있다. 오히려 나와 말을 섞지 않는 것이 더 편하다고 여길지 모른다. 나는 가까워지고 싶어 자꾸 말을 걸지만, 상대방은 말도 걸지 못할 정도로 거리를 유지하며 결코 가까이 다가오지 않을 수 있다. 내가 어떻게든 대화를 시도하려고 하면, 어느 순간 상대방은 아예 내 눈앞에서 사라져 보이지 않는다. 하고 싶은 말을 꾹 참는 것은 답답하지만, 그 사람을 볼 수 없는 상황은 더 큰 암담함을 준다. 그래서 말하고 싶은 마음을 억누르고 참아야 한다. 그래야 그 사람을 눈으로라도 볼 수 있다.

누군가와 빨리 가까워져서 목적을 이루고 싶은데 상대방은 적극적으로 다가오지 않아 답답함을 느낄 때가 있다. 내가 원하는 최적의 상대라는 것을 알면서도 인내심이 부족해 다른 대상을 찾게 된다. 그러나 상대방의 입장에서 생각해 보자. 나는 당연히 내가 믿을 만한 사람이라고 여기지만, 상대방은 내가 어떤 사람인지 알 수 없다. 설령 내가 믿을 만한 사람이라 해도, 내 상황에 대해서는 전혀 모를 수 있다. 상대방이 나를 신뢰할 수 있을지 판단하려면 시간이 필요하다. 이 과정에서 혹여 나를 약삭

빠르고 신뢰할 만하지 않은 사람이라고 결론내리더라도, 그런 전제로 대화가 시작될 수 있다.

소통이란 언제나 화기애애한 꽃길이 아니다. 폭풍이 치는 가시밭길일지라도 알고 대비한다면 소통은 가능해진다. 이를 위해서는 시간이 필요하다. 100분 동안 한 번 만나는 것보다 10분씩 열 번 만나는 것이 더 효과적이다. 말하고 싶은 것이 있어도 참아야 한다. 상대방이 내가 원하는 이야기가 아닌 다른 이야기를 하더라도 참아야 한다. 처음부터 말했으면 거절당할 일이라도 익숙해진 다음에는 수락할 가능성이 높아진다. 목적을 이루기 위해서는 참으며 어떻게든 계속 만남을 이어 가야 한다. 만나지 못하면 소통도 이루어지지 않기 때문이다.

소통에는 적절한 때와 인내가 필요하다

아무것도 하지 않고 기다리는 것이 오히려 최선일 때가 있다. 가끔 부모님이 사춘기 자녀에게 이성 친구가 생겼다며 어떻게 해야 할지 물어오곤 한다. 그럴 때 그 이성 친구가 자녀의 첫 연애라면 오래가지 않을 가능성이 크다고 말씀드린다. 그냥 기다리면 자연스레 헤어진다. 그러나 억지로 참견하면 부모 때문에 헤어졌다는 원망만 남는다. 저절로 해결될 일을 참지 못하면 상황이 더 복잡해질 뿐이다. 타인이라는 변수는 고정 변수가 아니라 변동 변수다. 내가 아무것도 하지 않아도 상대방은 변한다.

    소통은 상대방이 있기 때문에 어려운 일이다. 내 마음도 움직이고, 상대방의 마음도 움직인다. 서로 다른 방향으로 움직이는 두 물체가 만나기 힘든 것처럼, 두 개의 마음 역시 서로 만나기 어렵다. 반면 시간이 지나면서 문제가 저절로 해결되기도 한다. 한때 중요했던 것이 더 이상 중요하지 않게 될 수도 있고, 그보다 더 중요한 일이 생길 수도 있다. 계절이 바뀌면서 내 마음이 변하거나, 상대방의 마음이 변하기도 한다. 심지어 상대방이 죽어 버려서 문제가 자연스럽게 사라지기도 한다.

    참는 데는 언제나 상대방이 있다. 대화의 맞수가 있을 때 우리는 참는다. 소통에는 인내가 필요하다. 하지만 반대로 인내를 위해 소통이 필요할 때도 있다. 소통의 당사자 모두 뾰족한 해답이 없다는 사실을 알고 있다. 그러나 상대방이 '끝'이라고 말하면 나 또한 끝낼 수밖에 없다. 어떻게든 기다리다 보면 세상이 변하거나, 상황이 바뀌거나, 마음이 달라지면서 길이 생길 수도 있다. 이런 경우 소통이야말로 우리에게 인내할 힘을 준다. 참는 것도 그 자체로 소통의 한 축을 담당한다.

소통의 독이 되는 관심의 역설

무슨 일이 발생하면 사람들은 흔히 관심이 부족해서 일어난 문제라고 말한다. 그러나 관심의 부족이나 충분함 혹은 지나침은 그것을 주는 사람이 아니라 받는 사람이 결정한다.

스토킹이 그 예다. 스토커는 관심이 부족해서 사랑이 이루어지지 않는다고 생각하지만, 스토킹을 당하는 이는 오히려 지나친 관심 때문에 숨이 막힌다. 또 관심을 주는 대상에 따라서도 달라진다. 부모는 자녀에게 관심을 덜 줘서 자녀가 망가졌다고 생각하지만, 자녀가 원하는 것은 부모가 아닌 이성 친구의 관심이다. 이성 친구의 관심이 부족해 생기는 슬픔은 부모가 아무리 많은 관심을 기울여도 소용이 없다. 오히려 자녀는 부모가 자신을 조금 포기했으면 한다. 그렇게 해야만 이성 친구의 관심을 끌기 위해 어떻게 해야 할지 고민할 여유가 생기기 때문이다.

누군가 남의 일에 관심을 가지면 '괜히 간섭하지 말라'고 한다. 그러나 막상 일이 생기면 누구라도 남의 일에 관심을 가지게 되는 것이 인간의 본성이다. 누군가 불행을 당하면 슬퍼해야 한다고 생각하지만, 실제로 그런 일이 생기면 궁금해서 물어보게 된다. 어떤 상황인지 직접 눈으로 확인하고 싶은 마음이 생기기 때문이다. 나는 걱정되기 때문에 그런다고 생각하지만, 옆에서 보기에는 걱정보다 호기심 때문임이 명백히 드러난다. 주변의 불행에 무관심하면 공감하지 못하는 무정한 사람으로 몰린다. 하지만 불행의 당사자는 오히려 무관심이 더 고마울 수도 있다. 예를 들어, 내가 안 좋은 일이 생겼다고 가정해 보자. 주변 사람들이 모두 위로한답시고 한마디씩 건네 온다면, 그런 관심에 과연 고마운 마음이 들겠는가? 오히려 부담스럽고 귀찮게 느껴질 가능성이 높다.

우리는 누군가에게 관심을 주면 상대방이 당연히 고마워할 거라고 여긴다. 그러나 이는 착각이다. 상대방이 나의 관심이나 무관심을 어떻게 받아들일지 곰곰이 생각해 보고 관심을 표현할지 하지 않을지 정해야 한다. 하지만 말처럼 쉽지는 않다. 그냥 참으면 될 것 같지만 참는 데는 답답하다는 대가가 따른다.

표현하면 그나마 덜 답답할 수 있다. 이럴 때 잘 참는 사람이 있는 반면 못 참는 사람도 존재한다. 못 참는 이들은 상대방의 마음은 신경 쓰지 않고, 아무 생각 없이 습관처럼 관심을 표현한다. 남이 보기에는 주책이라는 인상을 줄 수 있다.

우울증을 악화시키는 어긋난 관심

누군가 자살하면 주변의 관심이 부족해서 그런 일이 벌어졌다고 종종 이야기한다. 하지만 사실 주변의 지나친 관심이 자살로 이어질 수도 있다. 우울증에 걸리면 아무것도 할 수 없기에, 차라리 혼자 내버려 두었으면 좋겠다는 생각이 든다. 주변에서 쏟아지는 불안한 눈빛은 괴로움을 더욱 키운다. 나 때문에 주변 사람들이 고통받는다는 생각에 마음이 무겁다. 차라리 보지 않는 편이 마음 편하다.

그럼에도 불구하고 상대방은 걱정되어 계속 괜찮은지 물어본다. 사람을 만나라, 햇볕을 쬐라, 규칙적으로 살아라, 방을 정리하라는 끝없는 잔소리가 이어진다. 무기력해서 아무것도 못 하는 환자를 지켜보면 불안이 밀려온다. 언제까지 이런 상태를 이어 가야 하는지 짜증이 난다. 그래서 관심을 가지고 어떻게든 환자가 정상적인 삶을 살게끔 간섭한다.

하지만 정상적으로 생활할 능력이 없어서 생기는 것이 우울증이다. 따라서 정상적인 생활이 우울증을 낫게 한다는 주장은 말이 되지 않는다. 옆에서 지켜보는 이들은 괴로움에 휩싸여 어떻게든 환자가 정상으로 보이게끔 만들고 싶어 한다. 환자에겐 그나마 집이 쉴 수 있는 공간이었는데, 이제는 집에서조차 방에서조차 쉴 수 없다. 밖에 나갈 엄두가 나지 않는다. 그러나 계속 감시하고 간섭하면, 그 결과 집도 지옥이 되어 버린다. 환자로서는 결국 죽음밖에 방법이 없다고 느낀다. 자살을 선택하는 것은, 걱정하는 이들이 관심을 가진다고 믿는 사이 환자가 겪는 고통 때문에 일어나기도 한다. 가족들이 불가능한 것을 요구할 때 환자는 죽음을 생각하게 된다.

관심이 과하면 감시가 된다

아무 단서도 없고 소리도 나지 않는 TV로 배우가 누군가를 주시하는 장면을 본다고 상상해 보자. 그런 장면만으로는 관심인지, 관찰인지, 감시인지 구분하기란 쉽지 않다. 겉으로 보기에는 주시하는 행동이지만, 주체와 객체가 어떻게 느끼느냐에 따라

관심이 되기도 하고, 관찰이 되기도 하며, 감시가 되기도 한다.

　부모는 자녀의 학업에 관심을 가진다고 생각하지만, 자녀는 감시라고 느낄 수 있다. 상사는 직원의 발전에 관심을 가진다고 믿지만, 직원은 이를 평가하는 행위로 받아들일 수 있다. 내가 감시하고 상대방도 감시받는다고 생각하면 괴롭겠지만, 이런 경우 그 감정이 명확하기 때문에 소통이 이루어지고 있는 것이다. 또한 내가 상대방을 평가하고, 상대방도 평가받는다고 느끼면, 그 역시 괴롭지만 여전히 의미가 명확하다. 이런 경우도 부정적이긴 하지만 같은 감정을 공유하고 있다는 점에서 소통이 이루어지고 있다.

　그러나 단지 관심을 가질 뿐인데 상대방이 평가하지 말라고 하면, 이는 동일한 행위에 서로 다르게 생각한다는 의미로 소통이 막힌 상태라고 할 수 있다. 관심을 가졌을 뿐인데 상대방이 감시하지 말라고 하면, 이 또한 서로의 인식 차이로 인해 소통이 원활하지 않은 것이다. 이런 상황에서 관심을 가졌을 뿐인 사람은 자신의 관심을 감시로 오해받는 사실이 서운하다. 반면 감시받는다고 느끼는 사람은 감시를 관심으로 포장하는 가식적인 태도에 분노가 치밀어 오른다. 이처럼 서로의 생각과 감정이 다를 때 소통은 더욱 어려워진다.

때로는 위로도 상처가 된다

위로도 지겨울 때가 있다. 흔히 안 좋은 일이 생기면 주변 사람들은 위로의 말을 건넨다. 위로는 상대방을 위하는 좋은 마음이다. 그러나 그 일에서부터 벗어나고 싶어 하는 당사자에게는 그조차 괴로울 수 있다. 만나는 사람마다 나에게 힘들겠다고 말한다. 주변에서 위로를 건넬수록 오히려 안 좋은 기억이 떠오른다. 같은 얘기를 계속 듣다 보니 짜증이 난다. 위로받을 때마다 마음이 따뜻해지기는커녕, 더 비참한 기분이 들기도 한다.

누구에게 받느냐에 따라서 위로의 의미도 달라진다. 내가 좋아하는 사람으로부터 힘들겠다는 말을 들으면 위로가 되지만, 내가 싫어하는 사람으로부터 같은 얘기를 들으면 안 그래도 힘들어 죽겠는데 더욱 짜증이 난다. 겉으로는 걱정하는 척하지만 마음속으로 나의 불행을 고소하게 여길 것 같다. 또 평소에 존경했지만 멀게 느껴지던 사람으로부터 위로받으면 감동한다. 그러나 평소에 나보다 못하다고 여기던 사람으로부터 위로받으면 나는 이제 저런 사람에게 위로받는 처지가 되었구나 하면서 우울해질 수 있다.

위로하는 이에게 악의가 있는 것은 아닐 것이다. 대개는 뭔가 일이 벌어졌으니 자동적으로 말하고 행동하는 경우가 많다.

사람들은 위로의 의도로 다가오지만 받아들이는 이로서는 그 말과 행동이 고통으로 느껴질 수 있다. 이러한 점에서 위로의 효과는 언제 어떻게 주느냐, 누가 주느냐에 따라 크게 달라진다는 것을 알 수 있다.

상대방의 고통을 덜어 주는 것이 위로의 본래 역할이다. 만약 위로가 고통을 더욱 심화시킨다면, 그런 위로는 사실상 고문이나 다름없다. 위로가 오히려 짐이 될 수 있음을 고려해야 한다.

과한 격려는 부담이라는 독이 된다

격려 역시 마찬가지다. 격려하는 사람은 긍정적인 의도로 다가간다고 생각하지만, 받아들이는 이는 독려로 느낄 수 있다. 격려에는 격려하는 사람의 의지가 작용한다. 그 일이 가능하다고 믿는 사람에게는 격려가 힘을 주지만, 불가능하다고 생각하는 사람에게는 오히려 부담이 될 수 있다.

문제는 독려든 격려든 재촉이라는 점에서 매한가지라는 것이다. 사람이 일을 제대로 못하는 가장 큰 이유는 능력이 부족하기 때문이다. 능력이 없으면 아무리 열심히 해도 좋은 결과를 내기 어렵다. 노력 또한 능력의 일종이다. 노력할 능력이 있어야 노력할 수 있다. 어찌 보면 노력이야말로 가장 커다란 능력일 수 있다. 우리는 당장 눈에 띄는 성과가 없어도 미래를 생각하고 노력하라는 충고를 자주 듣는다. 하지만 말은 쉬워도 실제로 실행하는 것은 매우 어려운 일이다.

눈에 띄는 성과가 없더라도 노력하는 이유는 대개 불안에서 비롯된다. 아무것도 하지 않는 것보다는 뭐라도 하는 편이 덜 불안하기 때문이다. 능력 있는 사람이 불안해서 열심히 노력해 성공하면, 그들은 스스로의 노력을 자랑스러워한다. 그러나 불안에 떨면서 억지로 한 것은 사실 성공과 실패에 그다지 영향을 주지 않는다. 그 대신 휴식을 취했더라면 더 잘했을 수도 있다. 반면 능력 없는 사람이 불안해서 열심히 노력했음에도 실패하면, 능력이 모자랐다고 생각하는 대신 불안해서 일을 망쳤다고 착각한다.

우리는 힘들 때 불안해진다. 불안은 버겁다는 신호다. 불안하건 불안하지 않건 어차피 버거운 일이었다. 불안해서 망쳤을 뿐이라는 가정이 맞다면 불안하지 않은 상태에서는 무조건 성공해야 한다. 그러나 그렇지 않다. 불안에 의한 노력은 자기 위안은 될지언정 성공과 실패에 주는 영향은 매우 미약하다. 불안하지 않은 상태에서 미래를 생각하며 계획적으로 노력하는 것은 극소수에게만 가능한 엄청난 능력이다.

용기 역시 엄청난 노력이다. 흔히 '밑져야 본전'이라는 말을 하지만 이는 인간의 감정을 헤아리지 않았을 때만 가능한 말이다. 실패하면 위축되고 상처받기 마련이다. 해도 안 되고 안 해도 안 될 때는 시도하지 않는 것이 덜 상처받는 길일 수 있다. 옆에서 격려하는 사람은 그 과정에 직접 참여하지 않기에 상대방이 성공하건 실패하건 자신은 상처받지 않는다.

어떤 일에 도전하기 위해서는 머리와 기운을 써야 한다. 기운을 발휘하기 위해선 에너지가 필요하고, 이를 유지하기 위해서는 먹고 마셔야 한다. 하지만 이 모든 과정에는 비용이 든다. 어떤 일을 하느라 힘을 썼는데 실패하면, 결국 돈을 날리는 결과가 된다. 이 경우 '밑져야 본전'이 아니다. 만약 그 일을 하지 않았다면 그 시간에 다른 일을 했을 수도 있다. 다른 일을 했다면 성과가 있을 수도 있고, 그저 유튜브를 보거나 게임하면서 쉬었더라도 즐거웠을 것이다. 하지만 즐거울 수 있었던 시간이 고통으로 변했기 때문에, '밑져야 본전'이라는 말은 성립하지 않는다. '실패하면서 배운다'는 말도 있지만, 굳이 실패를 겪으면서 배울 필요는 없다. 충분히 배우고 익힌 후 자신감이 생겼을 때 시도한다면 굳이 실패할 이유가 없을 것이다.

격려가 되었건, 독려가 되었건, 재촉이 되었건 그 모두가 소용없다. 많은 경우 사람들은 독려와 재촉을 하면서 이를 격려라고 합리화한다. 나의 불안을 줄이기 위해 남을 재촉하고 싶지만, 그렇게 하면 스스로 나쁜 사람이 되는 것 같아 망설인다. 그래서 격려로 포장할 수 있을 정도로 수위를 낮춘다. 그러면서 상대방에게는 격려로 느껴질 것이라 착각한다. 그러나 받는 사람에게는 여전히 독려와 재촉일 뿐이다.

설혹 격려다운 격려를 했더라도 결국 하는 이의 자기만족일 뿐이다. 재촉하고 싶은 마음을 아름다운 말로 포장했으니, 그만큼 자신이 훌륭하다고 자아도취에 빠지는 것이다. 이 과정에서 은근히 자신에게 고마워하기를 바라는 마음도 생긴다. 하지만 대개 상대방은 시간만 빼앗겼다고 생각한다. 설령 고마움을 느낀다 하더라도 능력이 부족하면 결국 실패한다. 반대로 격려가 없더라도 능력이 된다면 성공한다. 그런데 고마운 격려까지 받았음에도 실패하면, 기대에 부응하지 못했다는 죄책감에 빠질 수 있다. 결과적으로 상대방에게 고통을 주는 행위가 된다.

관심의 적정선은 상대에게 있다

내가 못 견디겠다면 관심을 표현해도 된다. 그러나 듣는 이에게는 참견이나 감시로 느껴질 수 있다는 것을 잊지 말아야 한다.

내가 견디기 힘들다면 격려해도 좋다. 하지만 듣는 이에게는 독려나 재촉으로 받아들여질 수 있다는 점도 염두에 두어야 한다. 관심이든, 위로든, 격려든 상대방이 이를 좋아하지 않는 것 같다면 즉시 중단해야 한다. 상대방이 하지 말라고 하면 그 요청을 따르는 것이 진정으로 돕는 행동이다.

 잔소리를 멈추면

잔소리의 가장 흔한 유형은 지시다. '이것을 하라'는 지시와 '이것을 하지 말라'는 지시로 나뉜다. 예를 들어, "빨리 어질러진 것을 치워라", "일찍 일어나라", "운동해라", "공부해라" 등은 '이것을 하라'는 지시이다. 반면 "스마트폰을 보지 말아라", "게임 하지 말아라", "술 좀 그만 먹어라", "배달 음식 먹지 말아라"는 '이것을 하지 말라'는 지시이다. 어떤 경우에는 '이것을 하지 말고 저것을 하라'는 형태로 두 가지 지시가 함께 쓰일 수 있다. 예를 들어, "저축을 해라"와 "돈을 아껴 써라"는 일맥상통한다.

그 다음으로 흔한 유형은 확인이다. 상대방이 제대로 하는지 확인하는 것이다. 예를 들어, 물건을 제자리에 놓았는지, 외출하기 위해 옷을 모두 입었는지, 필요한 물건을 제대로 챙겼는지 같은 것이다. 만약 상대방이 제대로 하지 않는다고 생각하면 재촉으로 이어진다. 이때 상대방이 게임이나 스마트폰을 한다면 '그걸 하지 말고 빨리 이것을 하라'는 지시로 바뀔 것이다.

 잔소리는 하는 사람과 듣는 사람 모두 상황을 수습할 수 있다. 잔소리하는 사람은 자신이 공격적이지 않으며, 상대방에게 큰 타격을 주지 않는다고 여긴다. 때때로 잔소리하고 있다는 사실을 인식하지 못하기도 한다. 상대방을 너무 화나게 하지 않으려는 마음에 잔소리를 잠시 멈추기도 하지만, 상대방이 반응을 보이지 않으면 계속 이어 간다. 그때 상대방이 "알았어, 곧 할게"라는 시늉을 보이면 잔소리는 멈춘다. 이 과정에서 상대방은 완전히 수긍한 것이 아니지만, 더 이상의 갈등을 피하고 싶은 마음에 대답하는 것이다.

 잔소리를 권투에 비유하자면 잽과 같다. 본격적으로 화내는 것이 아니며, 잔소리하는 쪽도 물러설 여지가 있고 듣는 쪽도 견딜 여지가 있다. 하지만 어쨌든 잔소리는 작은 폭력이다. 잔소리를 듣는 사람은 매번 같은 얘기가 짜증스럽고, 어차피 효과가 없다는 것을 알기에 잔소리를 그만두길 바란다. 잔소리하는 사람은 상대방이 건성으로 듣고 실행하지 않는 것이 이해되지 않는다. 잔소리를 듣기 싫으면 행동으로 옮기면 될 텐데 말이다.

사실 잔소리하는 사람과 듣는 사람 모두 '안 하는 것'이 아니라 '못하는 것'이다.

잔소리가 만드는 악순환

잔소리하는 사람은 마음에 들지 않는 것을 억지로 참아야 한다. 억지로 참는 것은 고통이다. 이 고통을 피하려면 그냥 생각나는 대로 말해야 하며, 그로 인해 상대방이 자신을 점점 더 싫어하게 되는 대가를 치러야 한다. 관계가 멀어지는데도 잔소리를 멈추지 못하는 것은, 말을 참을 때마다 생기는 고통이 관계가 악화되는 고통보다 더 크다는 것을 의미한다. 상대방이 나를 싫어하건 말건 상관없다면 잔소리하는 것이 이익이다. 마음에 들지 않는 상황에서 억지로 참는 고통을 감수할 필요가 없기 때문이다.

그러나 상대방이 나를 좋아하길 원한다면 상황이 달라진다. 잔소리로 인해 누군가와 멀어지는 것은 또 다른 고통을 초래한다. 잔소리는 싫은 것을 참는 고통을 순간적으로 피할 수 있지만, 장기적으로 상대방이 점점 더 나를 멀리하게 만든다. 상대방이 멀리할수록 말할 기회를 잡기 어려워지고, 결국 나는 잔소리만 하는 사람이 되어 버린다. 이런 이유로 잔소리를 듣는 사람은 무시하는 것이 최선이라고 생각한다. 시키는 대로 하면 당장 잔소리를 멈출 수 있지만, 다른 것에도 잔소리가 이어질 거라는 걱정이 따른다.

잔소리는 기본적으로 통제 욕구에서 비롯된다. 잔소리하는 사람은 자신이 구체적인 사실을 지적한다고 생각하지만 듣는 사람은 그의 통제 욕구가 문제라고 인식한다. 통제 욕구가 해결되지 않으면 잔소리하는 이는 계속 불만을 제기할 것이다. 하나를 들어주면 둘을 들어줘야 하고, 둘을 들어주면 셋을 들어줘야 할지도 모른다는 생각이 든다. 그래서 잔소리를 듣는 사람은 처음부터 방어 태세를 갖춘다. 어떤 말에도 대꾸하지 않고, 상대방의 말을 듣지 않으려 한다. 이럴 경우, 잔소리하는 이는 상대방이 자신을 일부러 무시한다는 생각이 든다. 무시당하지 않기 위해서는 시키는 대로 하게 만들어야 하므로 잔소리는 더욱 심해진다. 잔소리가 심해질수록 상대방은 잔소리하는 이를 더 싫어하게 되고, 결국 서로 미워하는 악순환이 반복된다.

잔소리를 듣는 사람이 시키는 대로 하지 않고 듣고만 있다는 것은, 잔소리로 인한 짜증보다 귀찮음이 더 크다는 것을 의미한다. 잔소리를 무시하면 결국 싸움으로 이어지고 그로 인한 고통이 뒤따른다. 그 고통은 억울함일 수도 있고, 죄책감일 수도 있다. 결국 이런 상황에서는 상대방이 시키는 대로 하게 된다. 시키는 일을 할 때의 귀찮음보다 싸움으로 인한 고통이 더 크기 때문이다.

상대방이 싫지만 그의 도움이 필요한 경우도 있다. 평소에는 시키는 대로 하지 않지만, 필요한 것을 얻기 위해서 상대방의 요구를 들어줄 때도 있다. 이때는 상대방이 시키는 대로 할 때의 귀찮음보다 그들이 주는 도움의 가치가 더 크기 때문이다.

잔소리를 멈추고 관계를 회복하기

상대방이 내 말대로 하면 잔소리할 필요가 없어진다. 상대방을 내 말에 귀 기울이게 하는 두 가지 방법이 있다.

첫 번째는 잔소리보다 더 강력하게 행동하는 것이다. 즉 공포를 불러일으킬 정도로 심하게 나가는 방법이다. 상대방이 두려워서 내 말을 듣지 않을 수 없도록 수단과 방법을 가리지 않는다. 이렇게 하면 상대방은 벌벌 떨면서 내 말을 듣게 된다. 하지만 상대방이 나를 좋아해 주기를 바라면 그렇게 할 수 없다. 잔소리의 특징은 일정한 선을 넘지 않는다는 것이다. 선을 넘지 않는 이유는 최소한의 관계를 유지하고 싶기 때문이다. 따라서 공포를 일으키는 방법을 사용할 수 없는 것이다.

두 번째 방법은 상대방이 내 말을 들었을 때 이익을 제공하는 것이다. 그러나 이익으로 만든 효과는 영원하지 않다. 시간이 지나면 상대방은 다시 말을 듣지 않게 된다. 내 말을 듣게 하려면 지속적으로 대가를 지불해야 한다. 잔소리가 오래 지속된다는 것은 상대방에게 줄 수 있는 대가가 적어진다는 것을 의미한다. 이미 많은 것을 주었기 때문에 더 이상 줄 것이 없다. 그동안 당연히 주던 것을 주지 않으면, 과연 상대방은 내가 시키는 대로 할까? 상대방은 계속해서 요구할 것이고, 나는 다시 이익을 주게 될 것이다. 결국 내가 다시 할 수 있는 것은 잔소리뿐이게 된다.

결국 누군가에게 미움받고 싶지 않거나 가까워지고 싶다면 잔소리를 멈추는 수밖에 없다. 상대방이 싫어하는 행동을 하면서 사랑받기를 바라는 것은 불가능한 환상이다. 나는 상대방을 아끼고 사랑하기 때문에 잔소리한다고 생각하지만, 사실 그 모습이 보기 싫어서 잔소리를 하는 것이다. 그 모습을 보면 짜증이 나고, 그 상황을 멈추고 싶기 때문에 무의식적으로 하는 것이다. 결국 잔소리는 내 마음의 불쾌함 때문에 시작된다.

잔소리로 누군가와 멀어진다면 잔소리를 듣지 않는 상대방 때문이 아니라 잔소리하는 나 때문이라는 것을 깨달아야 한다. 나는 시키는 대로 하지 않는 상대방이 문제라고 생각하지만, 상대방은 계속 잔소리를 하는 내가 문제라고 느낀다. 잔소리할수록 얻는 것은 상대방이 나를 싫어하게 되는 상황뿐이다. 남의 마음이나 행동은 바꿀 수 없다. 내가 유일하게 바꿀 수 있는 것은 내 마음과 행동뿐이다. 상대방의 행동은 바꿀 수 없지만, 내가 잔소리를 멈출 수는 있다.

# 하소연을 듣는 것도
힘든 일

힘들면 누구나 다른 사람에게 자신의 이야기를 한다. 딸이 엄마에게 하소연하기도 하고, 엄마가 딸에게 하소연하기도 한다. 언니가 동생에게, 동생이 언니에게, 혹은 사랑하는 연인이나 친구에게도 마음속 힘든 이야기를 털어놓는다. 처음 들을 때는 마음이 움직인다. 두세 번까지는 '오죽하면 이럴까' 싶어 공감도 한다. 그러나 이야기를 반복해서 듣다 보면 입장이 달라진다. 계속해서 같은 이야기가 이어질수록, 듣는 사람도 점차 지치기 시작한다.

듣는 일에도 용량의 한계가 있다

듣는 것도 분명한 노력이다. 듣는 과정은 단순히 귀만 기울이는 것이 아니라 뇌가 적극적으로 작용한다. 아무리 신경 쓰지 않으려 해도 소음은 그 자체로 고통을 준다. 큰 소음 앞에서 집중력이 흐트러지듯이, 듣기 싫은 말을 듣는 것도 그와 같은 고통을 준다. 심지어 좋은 이야기라도 계속 듣다 보면 지루해지기 마련이다. 처음에는 무시할 수 있었던 말도 반복해서 듣다 보면 단어들이 귀에 박혀 더 이상 무시할 수 없게 된다. 결국 듣는 것 자체가 고통으로 다가온다.

배에 물건을 실을 수 있는 용량에 한계가 있듯이, 뇌도 집중할 수 있는 용량에 한계가 있다. 귀를 통해 들어오는 정보가 그 한계를 넘어서면 좋은 말이든 나쁜 말이든 상관없이 짜증 나기 시작한다. 내용이나 목소리의 크기, 대화의 톤과 관계없다. 이때 중요한 것은 무엇을 말하느냐가 아니라, 듣는 이가 어떤 상태인지이다.

듣는 사람의 상태는 언제나 중요하다. 마치 컴퓨터가 과부하에 걸리면 아무리 좋은 프로그램이라도 실행되지 않는 것처럼 듣는 사람의 뇌도 마찬가지다. 하소연이 반복될수록 듣는 이는 그 이야기에 반응하는 감정을 컨트롤하기 어려워진다. 감정은 점차 고갈되고, 듣는 행위 자체가 큰 부담으로 다가오게 된다. 이것은 단순한 피로감 이상의 심리적 고통을 유발한다.

힘든 사람에게는 무엇보다도 이야기를 들어 주는 것이 필요하다. 하지만 계속 같은 이야기를 듣는 일처럼 힘든 것도 없다. 이야기를 들어 주는 사람은 자연스럽게 이런저런 충고를 하게 된다. 상대방의 문제를 해결해 주고, 고통을 덜어 주고 싶기 때문이다. 그러나 상대방이 같은 이야기를 반복하면, 듣는 사람은 마치 자신이 아무런 도움이 되지 않는 것처럼 느껴진다. 시간이 지나면 자신의 감정이 소모품처럼 이용당한다는 생각이 든다. 이때부터 과부하가 걸린다.

상대방은 같은 어려움을 호소하고 나는 같은 해결책을 반복한다. 듣는 사람은 "이만큼 들어 줬으니 나도 내 의견을 말할 권리가 있다"라고 생각한다. 하지만 고통에 빠져 호소하는 사람의 뇌는 이미 과부하가 걸린 상태다. 이들은 더 이상 충고를 받아들일 여유가 없다. 그러다 보면 결국 한쪽이 짜증을 내게 된다. 이야기하는 사람은 "내가 이렇게 힘들어 죽겠는데, 왜 내 감정을 받아 주지 않냐"라고 원망한다. 반면 듣는 사람은 "내가 이렇게까지 들어 줬는데, 돌아오는 것이 짜증이라니"라며 화가 난다.

차라리 바쁘다는 핑계로 적당히 듣고 끝냈다면 관계는 더 멀어지지 않았을지도 모른다. 너무 열심히 듣고 너무 열심히 충고하다 보면 오히려 사이가 멀어지는 경우가 생긴다.

어떤 사람은 남의 고통에 공감하지 않고 자기 나름의 해결책만 반복해서 제시한다. 하지만 그런 충고는 전혀 도움되지 않는다. 만약 상대방이 그다음부터 아무런 이야기를 꺼내지 않으면, 나도 자연스럽게 그 문제를 언급하지 않게 된다. 그리고 상대방이 나에게 어떻게 지내는지 물어보면 그냥 괜찮다고 회피한다. 이유는 간단하다. 힘들다고 말했다가는 이야기하는 시간보다 억지로 충고를 들어야 하는 시간이 더 많기 때문이다.

하소연을 듣는 일도 고통이다

상대방이 듣기 싫다고 하면 그때 바로 멈춰야 한다. 말하는 목적이 상대를 괴롭히려는 게 아니라 진심으로 전달하고 싶은 거라면 그 순간 그만 말해야 한다. 듣는 사람이 감당할 수 있는 용량을 넘어가면 부드럽게 말하든 위협적으로 말하든 뇌에서 넘쳐 흘러 버릴 뿐 제대로 전달되지 않는다. 그럼에도 불구하고 계속 말을 이어 가면, 내 말은 상대방에게 단순한 소음으로 전락해 버린다.

대화의 목적이 무엇인지 다시 생각해 보는 것이 중요하다. 말을 계속하는 것이 목적인지, 단순히 상대방을 굴복시키기 위한 수단으로 변질된 것은 아닌지 분명히 해야 한다. 대화의 진정한 목적은 상대방과 소통하고 이해를 넓히는 데 있다. 한계에 다다른 상대방에게 계속 말을 밀어붙이는 것은 더 이상 대화가 아니다. 그것은 일방적인 전달이자, 관계를 해치는 행위다.

만약 목적이 상대방을 괴롭히는 데 있다면 상대방이 듣기 싫다고 할 때도 계속 말할 수 있다. 말로 상대방을 굴복시키려는 생각이라면 그것도 하나의 방법이 될 수 있다. 상대방은 결국 내 말에 질려 "알았다"라고 하며, 내가 원하는 대로 따르게 될 것이다. 그러나 이때 상대방이 내 말을 이해하고 수긍했다는 착각은 하지 말아야 한다. 상대방이 내가 옳다고 생각해서 따르는 것이 아니다.

때리거나 굶기거나 잠을 재우지 않는 것만이 고문은 아니다. 말로 괴롭히는 것 역시 고문이다. 상대방은 그저 고문에 굴복했을 뿐이다. 이렇게 고통을 겪다 보면, 나는 상대방에게 언어적 고문자로 각인된다. 마치 매일 폭력을 당하던 사람은 상대가 웃거나 잘해 줘도 두려워하듯이, 언어로 고통받은 사람도 마찬가지다. 나를 보는 순간부터 두려움이 생기고 이름만 불러도 신경이 곤두선다. 나와 관련된 모든 것이 불편하게 느껴진다. 더 이상 내가 무슨 말을 하든 듣기 싫고 거부감을 느낀다. 사실 누군가가 미우면 그 사람이 하는 모든 말이 거슬리기 마련이다. 내가 말을 꺼낼 때마다 상대방이 싫어하는 기색을 보인다면, 그 사람이 나를 미워하고 있다는 신호일 수 있다.

듣는 것 자체가 감정적, 정신적 에너지를 소모하는 일임을 잊지 말아야 한다. 반복되는 하소연은 듣는 사람에게 고통을 주고, 그 부담이 쌓이면 관계에까지 영향을 미칠 수 있다. 너무 열심히 들어 주거나 충고하려고 하다 보면, 오히려 상대방과의 거리가 멀어질 수도 있다. 때로는 적절한 거리 두기와 침묵이 더 나은 해결책이 될 수 있다. 듣는 이의 고통을 인정하는 것도 중요한 공감의 한 부분이다.

# 모르겠다는 답을
존중하기

무언가를 물어봤을 때 상대방이 "모르겠다"라고 답할 때가 있다. 내 입장에서는 그냥 자신의 생각을 이야기하면 되는 것 같은데 모르겠다는 답이 이해되지 않는다. 너무 답답한 마음이 든다.

대답을 피하는 다양한 이유

때론 그냥 이야기하고 싶지 않을 때가 있는 법이다. 나는 나름대로 의미가 있다고 생각해서 묻지만, 상대방은 내가 아무런 의미 없이 질문한다고 여긴다. 상대방은 내가 대답에 큰 의미를 두지 않는다고 느낀다. 별생각 없이 던진 질문이라 여기고, 그에 대해 별생각 없이 모르겠다고 답하는 것이다.

상황이 불리할 때 모르겠다고 답하는 경우가 있다. 문제가 발생해서 어떻게 된 일인지 묻지만, 그대로 답하다 보면 자신의 책임이 될 수 있기에 일단 모르겠다고 말한다. 상대방의 반응을 보며 어디까지 알고 있는지 가늠하고, 그에 따라 대답을 조정하는 것이다. 운이 좋으면 그냥 넘어갈 수도 있으니 신중하게 상황을 살피는 셈이다.

정말 모를 때도 있다. 왜 그렇게 했는지 당사자조차 알 수 없는 경우다. 하다 보니 그렇게 되었을 뿐이다. 누군가 "왜 그랬냐"라고 물으면, 사실 "모르겠다"가 정답일 때도 있다. 아직 생각이 정해지지 않았을 때도 마찬가지다. 결정을 재촉할 때는 모른다고 답할 수밖에 없는데, 특히 상대방이 한쪽으로 결정을 강요할 때 이런 일이 자주 생긴다. 만약 상대방의 뜻과 다른 결정을 하겠다고 하면 그때부터 설득을 강요받거나 비난을 피할 수 없기 때문이다.

너무 정신이 없어 아무 생각도 할 수 없는 때도 있다. 이런 상황에서는 아무리 물어봐도 소용이 없다. 모르겠다는 대답이 가장 솔직한 답일 수 있다. 아무리 머리를 쥐어짜도 생각이 떠오르지 않을 때가 있다. 특히 겁이 많은 사람은 스트레스를 받으면 뇌가 굳어 버린 듯한 상태가 된다. 나는 소통을 위해 질문하지만, 이미 겁에 질린 상대방은 입이 얼어붙어 아무 말도 할 수 없다. 그럴 때 간신히 내놓을 수 있는 대답이 바로 "모르겠다"이다.

누군가가 전혀 생각해 본 적 없는 주제에 대해 의견을 말해 보라고 할 때가 있다. 그러나 나는 그 주제에 아무 생각도 없고, 앞으로도 생각하고 싶지 않으며, 알고 싶지도 않다. 이럴 때 모르겠다는 것이 정답이다. 질문을 억지로 강요하면 어쩔 수 없이 거짓으로 대답하게 된다. 상대방이 어떤 주제에 대해 이야기를 꺼내고 싶어 한다. 하지만 나는 그 주제가 내키지 않는다. 지루하고 부담스럽다. 상대방이 그 주제를 아냐고 물어볼 때, 모르겠다고 답하면 자연스럽게 빠져나갈 수 있다. 만약 "그 주제는 이야기하고 싶지 않다"라고 정직하게 말하면 어떤 일이 생길까? 상대방은 아마도 불쾌할 것이다. 상대방이 직접적으로 이야기하지 않고 "알고 있느냐"라고 묻는 것 자체가 일종의 배려인 것처럼, 나도 "관심이 없으니 이야기하지 말자"라고 하는 대신 "잘 모르겠다"라고 답하는 것이 서로에 대한 작은 배려가 될 수 있다.

부탁을 거절하기 위해 "모르겠다"라고 하는 경우도 있다. 사람들은 스마트폰이나 컴퓨터 기능에 잘 모르는 부분이 있을 때, 그 사용법을 아는지 물어보며 은근히 도움을 청한다. 이때 안다고 대답하면 가르쳐 주어야 하고, 그것이 부담스러울 수 있다. 한 번 알려주면 나중에 또 부탁할지도 모른다. 그래서 그냥 모르겠다고 답하는 것이다. 모른다는 사람에게는 가르쳐 달라고 부탁하기 어렵기 때문이다. 사실은 알고 있지만 "지금 가르쳐 주고 싶지 않다"라고 솔직하게 말하면 어떤 일이 벌어질까? 아마 듣는 이는 불같이 화낼 것이다. 그래서 상대방이 뭔가 부탁할 의도로 아는지 물을 때, 우리는 종종 "모르겠다"라고 답한다.

모르겠다는 답을 그대로 존중하기

"모르겠다"가 정답일 때는 그 답을 그대로 남겨 두는 것이 낫다. 하지만 사람들은 그런 답을 들으면 계속 생각을 말해 보라고 채근한다. 왜 모르는지 묻기도 하고, 대답이 마음에 들지 않으면 왜 그런 생각을 했냐고 따지기도 한다.

 누군가 모르겠다는 말을 유난히 많이 한다면 그때는 나 자신을 돌아봐야 한다. 나는 상대방의 의견을 존중한다고 생각하지만 실은 질문할 때 이미 답이 정해져 있는 경우가 많다. 상대방도 이를 알기에 무엇을 답해도 결국 내가 따지고 들 것이 뻔하다고 느껴 모른다며 회피하는 것이다. 답답해서 뭐라도 말해 보라고 재촉하지만, 막상 상대방의 답이 마음에 들지 않으면 나는 따지기 시작할 것이다. 그러면 귀찮아서 모르겠다고 하던 상대방은 나를 더 멀리하게 된다.

힘들 때 얘기하지 않는 것도 마찬가지다. 나는 도움이 되고자 어떻게 된 일인지, 앞으로 어떻게 할 것인지 묻는다. 하지만 도움이 될지 안 될지 결정하는 것은 내가 아니라 상대방이다. 내가 도움 준다고 생각하는 말과 행동이 오히려 방해가 될 수 있다. 더 이상 묻지 않고 귀찮게 하지 않는 것이 필요하다. 상대방이 원할 때 도움을 주면 된다.

상대방이 힘든 일을 얘기하지 않는 이유는, 내가 알면 화를 낼 것이 뻔하기 때문이다. 만약 누군가에게 괴롭힘을 당했을 때 상대방은 옆에서 위로해 주기를 원한다. 그러나 내가 갑자기 흥분해 괴롭힌 사람을 욕하기 시작하면 상대방은 마치 자신에게 화낸 것처럼 느낄 수 있다. 예를 들어, 학교에서 따돌림을 당한 아이가 부모에게 털어놓았을 때, 부모가 불같이 화내며 "가만두지 않겠다"라고 소리를 지르면 아이는 오히려 불안해진다. 부모에게 미안한 마음에 더 이상 말을 꺼내지 못하게 된다. 또 반대로 부모가 "이렇게 힘든데 몰라줘서 미안하다"라며 울며 자책할 때도 아이는 괴롭다. 부모는 미안함에 어쩔 수 없는 행동이지만, 자식은 그 모습을 보며 죄책감을 느끼고 더 이상 부모에게 말하지 않게 된다. 부모의 마음을 아프게 할까 봐 어떤 일이 있어도 말을 삼킨다. 누군가 힘든 일을 겪고 있다면 충분히 공감하고 힘이 되어 주는 것이 중요하지만, 그 위로가 부담이 되어선 안 된다. 위로가 부담으로 느껴지는 순간 상대방은 더 이상 힘든 일을 털어놓지 않고 숨기게 된다.

누군가 나에게 "모르겠다"라고 하거나 힘든 이야기를 하지 않으려 할 때는 그 나름의 이유가 있기 마련이다. 이럴 때 자꾸 반복해서 묻거나 다그치기보다는 상대방의 모르겠다는 답을, 힘든 얘기를 하지 않을 권리를 존중하는 것이 필요하다. 오히려 그 선택을 존중할 때 더 편안한 마음으로 나에게 자신의 생각이나 감정을 털어놓을 가능성이 크다. 그들이 원할 때 이야기할 수 있도록 기다리는 것이야말로 진정한 배려다. 역설적으로, 내가 상대방의 침묵과 "모르겠다"라는 답을 인정할 때 그들은 내게 마음을 열어 더 깊이 있는 대화를 나눌 것이다.

조심해야 하는
비호감 말투의 특징

사람들 사이에서 유독 호감을 얻지 못하는 말투가 있다. 주변에서 "말을 왜 그렇게 해", "네가 하는 말은 항상 부정적이야" 같은 말을 자주 듣는다면, 자신이 비호감 말투를 쓰는 건 아닌지 돌아볼 필요가 있다.

말투는 단순한 표현 방식이 아니라 상대방에게 나를 어떻게 인식시킬지 결정하는 중요한 요소다. 비호감 말투는 소통의 큰 장애물이 되기도 한다. 그렇다면 어떤 말투가 사람들에게 불편함을 줄까?

너무 길게 얘기하는 사람

가장 흔한 비호감 말투는 너무 길게 얘기하는 것이다. 지나치게 긴 이야기는 상대방의 집중력을 떨어뜨릴 뿐만 아니라, 자칫하면 안 좋은 말이 나오게 마련이다. 한마디도 하지 않는 사람은 나쁜 의도가 있어도 안 좋은 말을 할 수 없다. 그러나 말을 많이 하다 보면 남이 싫어하는 얘기를 하게 된다. 이처럼 과도한 대화는 의도와 다르게 관계를 악화시킬 수 있다.

길게 얘기하는 사람은 충동형, 산만형, 강박형으로 나눌 수 있다. 충동형은 한 번 말이 나오면 멈추지 않고, 말하는 속도 또한 빠른 편이다. 그러나 말하는 사람 중에서 충동적인 이가 있는 것처럼, 듣는 이 중에서도 충동적인 사람이 있다. 얘기를 오래 들으면 상대방은 점점 화가 나기 마련이다. 그래서 중간에 이야기를 끊기도 한다. 나는 상대방이 얘기를 끊는다고 생각하지만, 어쩌면 내가 너무 길게 이야기하는 것일 수도 있다. 대체로 비호감 말투는 비호감 내용을 동반한다. 그리고 말이 길어지면 비호감 내용이 없으려야 없을 수가 없다. 좋은 내용임에도 불구하고 비호감으로 전달되는 경우는 그리 많지 않다. 이는 결국 듣는 이에게 부정적인 인상을 남기게 된다.

산만형은 말의 두서가 없다. 하고 싶은 이야기를 다 하면 자연스럽게 말을 멈추게 마련이다. 그런데 말하다 보면 종종 딴 얘기로 흐르기 일쑤다. 얘기를 듣는 사람은 도대체 무슨 말을 하는 건지 집중할 수가 없다. 집중력이 좋고 끈기가 있는 사람은 정신 없는 대화에도 어느 정도 내용을 쫓아갈 수 있다. 반면 집중력이 떨어지고 참을성이 없는 사람은 도저히 얘기를 더 들어 줄 수가 없다. 나는 상대방이 얘기에 집중하지 못한다고 탓하지만, 사실은 나 자신도 그러지 못하는 경우가 많다. 집중이 유지되어야 대화의 목적이 제대로 이루어질 수 있다. 그러지 못하면 대화의 목적은 쉽게 상실될 수 있다는 점을 인지하자.

강박형은 매번 똑같은 얘기를 반복하는 경향이 있다. 지금 내가 어떤지를 얘기해야 하는데 어렸을 적 자신이 어땠는지부터 시작한다. 현재 좋아하는 것을 말해야 할 상황에서도, 과거부터 좋아했던 것들을 줄줄이 나열한다. 상대방은 이미 들은 얘기이므로 새로운 부분부터 듣고 싶어 한다. 그러나 강박형은 처음부터 끝까지 하나도 빼지 않고 모두 얘기해야 한다는 강박이 있다. 중간에 말을 끊어도 소용이 없다. 하고 싶은 이야기를 다 해야만 대화가 끝난다고 생각하기 때문이다. 중간에 끊거나 질문을 덧붙이면 그만큼 말이 더 길어질 뿐이다. 결국 강박형은 듣는 이에게 지루함과 피로감을 준다.

강박형과 충동형이 만났을 때 중계방송형이 발생한다. 중

중계방송형은 누군가와 나눈 대화 내용을 그대로 중계방송하듯이 전달해야 한다. 예를 들어, 어떤 일 때문에 너무 화가 났다고 얘기하면 그 부분만으로 충분하다. 하지만 이들은 "내가 이렇게 얘기했더니, 상대방은 저렇게 얘기하고, 그래서 내가 또 이렇게 얘기했더니, 상대방은 이렇게 얘기했다"라며, 나와 상대방 사이에 있었던 말을 하나도 빼지 않고 전달하려 한다. 상황에 대해서도 마찬가지다. 약속에 늦었다면 그냥 일이 있어서 늦었다고 간단히 말하면 된다. 사실 상대방은 내가 왜 늦었는지 그렇게 큰 관심을 두지 않는다. 그들이 원하는 건 진정한 사과다. 그러나 중계방송형은 "아침 몇 시에 일어나서 무엇을 먹고, 화장을 어떻게 했고, 집에서 어떻게 나왔고, 중간에 길이 어땠는지"를 시시콜콜하게 얘기한다. 그 말을 듣는 사람은 이런 장황한 설명에 짜증 나기 마련이다. 정작 필요한 사과는 하지 않고 말을 이어가면, 상대방은 점점 더 지치고 불만을 품게 된다.

    한 번에 길게 말하는 것은 아니지만 대화를 끝내지 않는 사람도 있다. 이러한 사람들은 상대방이 충분히 이야기했다 생각하고 말을 끊으려고 할 때, "그런데요"라며 같은 주장을 반복한다. 대화에 지친 상대방이 "네가 맞다"라고 할 때까지 계속 이어진다.

습관적 질문형과 반격형 말투

항상 되묻는 이도 있다. 반복적으로 묻고 확인하는 이들은 나쁜 의도가 있는 것은 아니다. 그저 강박적이어서 그렇다. 그러나 바쁠 때 이런 반복적인 확인은 짜증을 유발하기 마련이다. 때로는 상대방이 그저 확인하는 것으로 오해하기도 한다.

일상에서 그냥 하면 될 일을 꼭 "왜?"라고 묻는 사람이 있다. 이런 질문을 하는 이유가 그 일을 하기 싫어서라면 억울함이 덜 느껴질 것이다. 누군가 억지로 하기 싫은 일을 시켰을 때 순순히 따르면 결국 더 많은 일을 떠안는다. 그러지 않으려면 제동을 걸 필요가 있다. 하지만 직설적으로 표현하면 상대방에게 찍힐 우려가 있다. 이럴 때 "왜?"라고 돌려 이유를 묻는 것이 비난할 빌미를 주지 않으면서도 나름대로 자신을 방어하는 방법이 될 수 있다.

그러나 별다른 의도 없이 습관적으로 "왜?"라고 묻는 사람이 있다. 이들은 어차피 시키는 대로 일을 다 하면서도 말버릇으로 질문을 덧붙이는 경향이 있다. 원래 말투가 그런 경우다. 하지만 "왜?"라는 말을 듣는 상대방은 일하기 싫어서 그러는 것으로 짐작하게 된다. 이로 인해 괜히 오해받고 미움받는 상황이 발생한다. 결국 이런 행동은 서로의 감정을 상하게 할 가능성이 크다.

반격형 말투 또한 불쾌감을 불러일으킨다. 이런 사람들은 대화 중에 그냥 넘어가는 것이 하나도 없다. 항상 상대방의 말을 맞받아치고 상대방을 깎아내리기 일쑤다. 상대방이 쓸데없는 짓을 한다고 하거나, 이해가 안 간다고 불만을 표현하기도 한다. 하지만 사소한 취향은 누가 옳고 그름을 가릴 수 없다. 그럼에도 불구하고, 그들은 항상 상대방이 틀리다고 주장하며 반격하는 경향이 있다. 이는 결국 대화의 즐거움을 해치고 관계를 소원하게 만드는 요소가 된다.

위협을 주는 큰 목소리

말 많고 목소리도 큰 사람은 듣는 이에게 고역일 수 있다. 커다란 목소리는 부드럽게 울릴 때는 안정감을 주지만 일정 이상 소리가 커지면 상대방을 불안하게 만든다. 예를 들어, 큰 목소리는 기쁘거나 재미있는 일을 얘기할 때 분위기를 상승시킨다. 그러나 짜증 내거나 기분 나쁜 얘기를 할 때는 불쾌감을 자아낸다. 위험을 알려야 할 때는 가능한 한 큰 소리로 경고해야 하지만 대체로는 일정 이상 볼륨을 올리지 않는 것이 좋다.

목소리가 큰 사람은 종종 화내는 것으로 오해받기도 한다.

같은 말도 큰 소리로 하면 더 무섭게 들리는 경향이 있다. 목소리가 큰 사람 중에는 자신의 큰 목소리로 자신감을 끌어올리기도 한다. 그들은 이를 장점이라고 생각할 때가 많다. 그러나 상대방의 생각은 다를 수 있다. 목소리가 너무 크면 상대방은 부담을 느끼며, 이는 대화의 흐름을 방해하고 서로의 감정을 상하게 할 수 있다. 따라서 대화의 분위기를 유지하기 위해서는 목소리의 크기와 말의 양을 조절하는 것이 중요하다.

욕설을 많이 쓰는 말투

욕을 많이 쓰는 것도 듣는 이를 거슬리게 한다. 몇십 년 전만 해도 욕이었던 표현들이 현재는 일상 용어가 되기도 하고, 또래 친구들 사이에서는 통상적으로 사용하는 말이 어른들에게는 욕으로 여겨지기도 한다. 그럼에도 불구하고 욕은 여전히 욕이다. 편안한 상황에서는 쉽게 넘어가던 욕이 힘든 상황이나 짜증나는 상황에서는 상대방을 자극할 수 있다. 예를 들어, 편한 분위기에서는 그냥 웃어넘기던 욕이 스트레스 상황에서는 큰 자극으로 작용할 수 있다.

사실 몇 번 보지도 않은 사람에게 "이 새끼, 저 새끼"라고 욕하면 상대방이 별 반응을 보이지 않아 괜찮아 보이더라도 마음속은 그렇지 않다. 그들은 불쾌감을 느낄 것이다. 뿐만 아니라, 상대방에게 직접 욕하는 것이 아니더라도 타인이나 상황을 이야기하면서 욕을 쓰는 경우도 듣는 이는 불편함을 느낀다.

특히 부모님이나 선생님 앞에서 같은 반 친구들을 말하면서 욕설을 사용하면, 부모는 자식이 자신을 욕했다고 생각하고, 선생님은 학생이 자신을 욕했다고 생각할 수 있다. 이처럼 욕을 사용하는 것은 상대방과의 관계를 해치는 요소가 되며 대화의 흐름을 방해한다. 언어의 선택은 타인과의 소통에 있어 중요한 부분임을 명심해야 한다. 이러한 점을 인식하고 상황에 맞는 언어를 사용하는 것이 관계를 더욱 건강하게 유지하는 데 기여할 것이다.

지나치게 교과서적인 말투

지나치게 교과서적인 말투도 비호감을 불러일으킬 수 있다. 이러한 표현 방식은 대화를 나누는 상대방에게 가식적으로 느껴지기 마련이다.

영화를 보면 악역이 부드러운 목소리로 존댓말을 쓰면서

피해자를 괴롭히는 장면이 나오고는 한다. 피해자를 고문하면서 "전혀 사적인 감정은 없습니다. 이러는 나도 상황이 안타깝습니다"라고 한다. 자기보다 어린 사람이 억울해서 반말하면 "예의범절은 중요합니다. 저보다 어린 당신에게도 존댓말을 쓰고 있지 않습니까?"라며 보복한다. 너무 많이 피를 흘려서 기절한 이에게 "어른이 묻는데 대답하지 않는 게 잘못인 걸 알고 있지요" 하면서 죽음에 이를 정도로 폭력을 행사한다. 영화를 볼 때는 이런 말투가 살인자의 잔인한 행동과 대조를 이루면서 재미와 긴장을 자아낸다.

그러나 실생활에서 이런 상황이 벌어지면 상대방은 '이런 식으로 말하는 건 나를 어떻게 생각하는 거지?'라는 의문을 가지고 불편함을 느낀다. 이러한 말투는 상대방을 무시하거나 심지어 놀리는 것 같은 인상을 줄 수 있다. 이는 상대방과 거리감을 만들어 대화의 본질보다 말하는 방식에 더 집중하게 만든다. 이러한 결과로 대화의 흐름이 자연스럽지 못하고 의사소통의 목적이 흐트러질 수 있다. 결국 지나치게 간드러지거나 교과서적인 표현은 진정한 소통을 방해하고 관계를 악화시킬 수 있는 요소임을 인식해야 한다. 대화에서는 자신의 진정성을 담아 자연스럽고 솔직하게 소통하는 것이 중요하다.

말투보다 중요한 건 마음

상대가 마음에 들지 않으면 뭘 말해도 다 비호감으로 느껴진다. 이는 상대방의 말투나 표현 방식에 관계없이, 그 사람에 대한 기존의 인식이 영향을 미치기 때문이다. 반대로 상대방이 마음에 드는 사람이라면, 그 사람이 하는 말은 어떤 것이든 호감으로 받아들여진다. 이런 상황은 상대방의 태도와 표현보다도 개인적인 감정이 더 큰 역할을 한다.

결국 말투보다 중요한 것은 마음이다. 상대방이 내게 진정으로 다가오고 싶어 한다는 느낌을 받으면 표현 방식은 자연스럽게 긍정적으로 여겨진다. 따라서 사람 간의 소통에서 진정성과 진심이 담긴 마음가짐이 가장 중요하다는 사실을 인식해야 한다. 소통의 기본은 서로를 이해하고 존중하는 것이며, 이는 관계를 더욱 깊고 의미 있게 만드는 데 기여한다.

소통 강박에서 자유로워지기

상황에 따라 소통의 방식은 달라져야 한다. 상황을 고려하지 않고 동일한 소통 방식을 강요하는 것은, 소통이 아닌 일종의 강박일 뿐이다.

예를 들어, 불이 났을 때 가장 적절한 소통은 큰 소리로 "불이야!"라고 외치는 것이다. 이는 긴급한 상황에서 필요한 즉각적인 대응이다. 길을 건너려는 아이가 차도로 뛰어들려고 할 때는 "멈춰!"라고 외치는 것이 가장 효과적이다. 즉시 상황을 인지시키고 행동을 막는 것이 중요하기 때문이다. 정서적, 감정적으로 긴급한 상황에서는 장황한 설명보다 간결하고 핵심적인 말이 훨씬 더 도움이 된다. 누군가가 극도로 불안하고 혼란스러울 때는 "괜찮아" 또는 "도와줄게" 같은 짧고 안정적인 말이 더 효과적이다. 이 순간에는 분석하려는 말보다 간단한 확신의 표현이 상대방의 마음을 진정시키는 데 큰 도움이 된다. 누군가가 갑작스러운 상실이나 충격적인 소식을 접하고 절망적인 순간에 있을 때는 "내가 여기 있어"라는 짧은 말 한마디가 큰 위로가 된다. 이런 상황에서 길게 말하면 오히려 상대의 감정을 더욱 혼란스럽게 만든다. 누군가가 분노에 휩싸였을 때도 "잠깐 숨을 고르자" 같은 짧고 명확한 제안이 효과적이다. 긴 대화를 시도하기보다는 즉각적으로 감정을 진정시키는 간단한 말이 상황을 안정시키는 데 도움을 준다.

그러나 소통 강박에 사로잡힌 사람들은 이렇게 하지 못한다. 끊임없이 묻고 대답을 요구하며, 대화가 길어야만 제대로 소통했다고 느낀다. 그 과정에서 자기만족을 느끼지만 정작 상대방에게는 부담을 줄 뿐이다.

말보다 힘이 되는 해결법이 있다

내가 누군가를 미워하거나, 누군가 나를 미워할 때는 말을 할수록 관계가 악화되기 마련이다. 예를 들어, 부모와 자식의 관계가 좋지 않다면 자식을 억지로 불러 앉혀 "내가 너를 얼마나 사랑하는지", "내가 얼마나 마음이 아픈지" 하소연해도 효과가 미미하다. 오히려 거리감이 더 커질 수 있다. 이럴 때는 말 대신 묵묵히 용돈을 주는 것이 최선의 소통일 수 있다. 그 용돈이 부모와 자식을 연결하는 작은 끈이 되어 주고, 시간이 흐르면서 그 끈이 관계를 회복하는 다리가 될 수 있다. 그러나 소통 강박에 사로잡힌 이는 숨 막히는 대화로 상대방을 질리게 만든다.

누군가가 힘들어할 때는 그에게 필요한 것을 챙겨 주는 것이 최고의 소통이다. 마음이 아무리 힘들어도 때로는 따뜻한 말 한마디보다 구체적인 물질적 지원이 더 큰 위로가 될 수 있다. 예를 들어, 누군가 경제적으로 어려움을 겪고 있을 때는, 격려의 말보다 생활에 필요한 물품이나 재정적인 지원이 훨씬 도움이 된다. 따뜻한 음식 한 끼를 챙겨 주거나, 필요한 물건을 대신 준비해 주는 작은 행동이 상대에게는 큰 위안이 될 수 있다. 그러나 소통 강박에 사로잡힌 이는 물질적인 지원이 근본적인 해결책이 되지 않는다고 생각한다. 안 그래도 주저앉기 직전인 사람에게 소통이라는 명분 아래 끝없는 대화를 강요하며 일종의 언어적 고문을 자행한다.

마음의 문제를 해결하기 위해서는 물질적인 안정이 우선일 때가 많다. 물질적인 지원은 일상적인 문제를 해결하고 숨을 돌릴 수 있게 도와주며, 그로 인해 조금이나마 마음의 여유를 찾을 수 있게 한다. 이렇게 구체적인 도움을 통해 상대는 비로소 자신의 감정을 다룰 힘을 얻게 된다. 물질적인 지원이 때로는 감정적인 소통보다 더 중요한 이유가 여기에 있다.

소통은 모든 문제의 해결책이 아니다

'소통이면 만사형통'이라는 생각은 위험하다. 부적절한 소통은 오히려 상황을 악화시킨다. 죽을 만큼 미운 사람이 있을 때, 상대방에게 가서 "너무 미워서 죽어 버렸으면 좋겠어"라고 말하는 것은 소통이 아니다. 그런 말은 관계를 악화시킬 뿐이다. 때로는 현명한 백 마디 말보다 한순간의 인내와 침묵이 더 큰 도움이 된다. 말을 잘하는 사람은 많아도 필요할 때 침묵할 줄 아는 사람은 드물다. 침묵은 가장 중요한 소통의 수단이다. 침묵이 있어야 말도 그 진가를 발휘한다.

하지만 소통 강박에 사로잡힌 사람은 침묵해야 할 때 최악의 말을 꺼낸다. 할 말이 남아 있을 때는 그나마 가려서 말하지만, 할 말이 떨어지면 절대 해서는 안 되는 말을 내뱉는다. 그러고는 자신이 방금 상대방에게 진실을 직면하게 하는 '진정한 소통'을 시도했다고 스스로를 합리화한다. 상대방이 화를 내면, "너는 진실을 부정하는 유아적인 태도를 보인다"라며 또다시 상처를 준다. 때로는 말없이 옆에 있어 주는 것이 가장 따뜻한 소통이 될 때가 있다. 그러나 소통 강박에 사로잡힌 사람은 결코 그렇게 하기 어렵다. 그래서 상대방이 혼자 있기를 원할 때는 차라리 조용히 사라져 주는 것이 할 수 있는 최선의 소통일 수 있다. 소통의 목적은 소통 그 자체가 아니라, 바람직한 관계를 만드는 데 있다는 점을 잊어서는 안 된다.

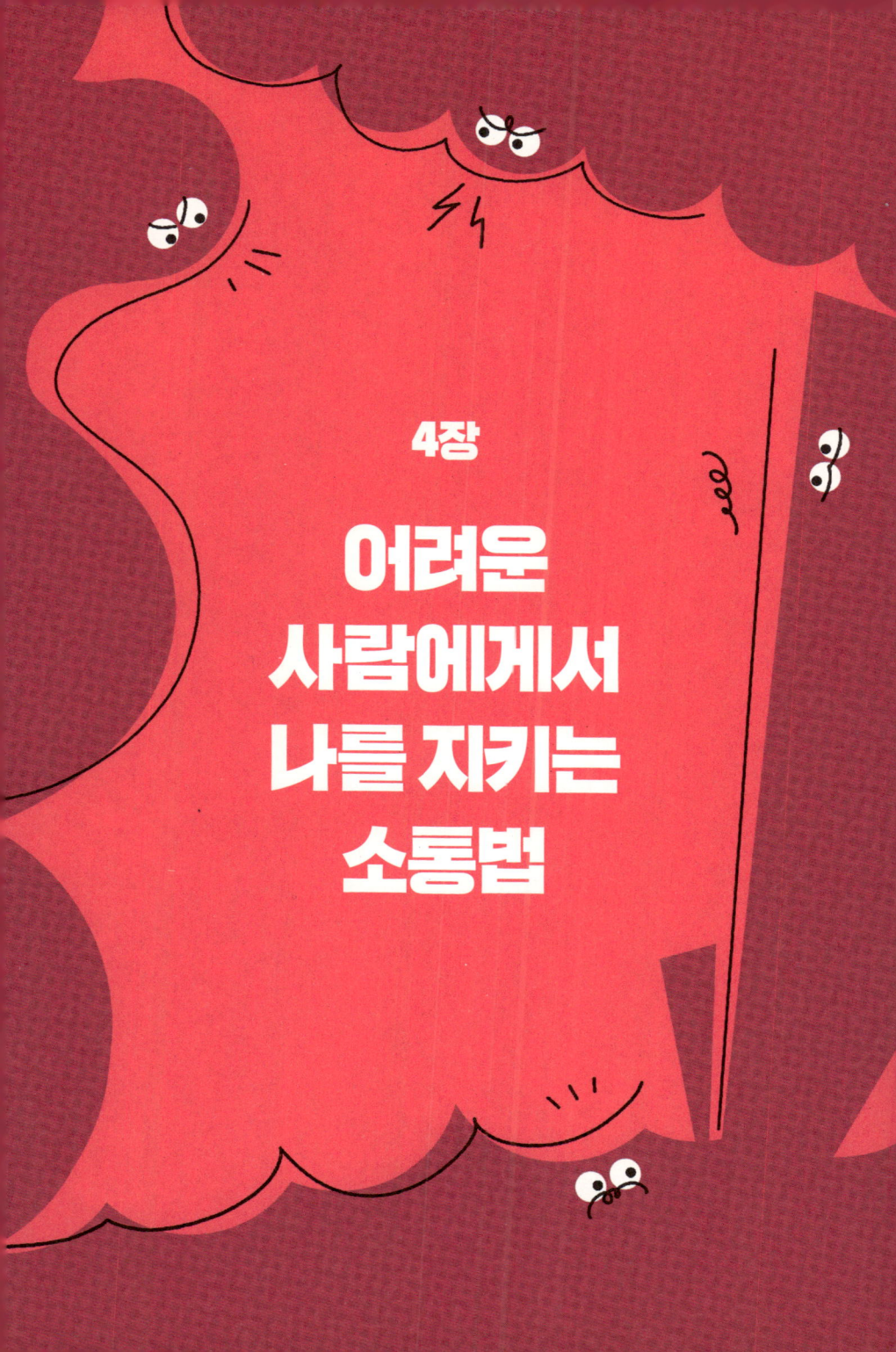

무례한 사람에게 대응하는 법

초면에 대놓고 말을 놓거나, 큰소리를 지르거나, 침을 찍찍 뱉거나, 비속어를 섞어 말하는 행동은 누구나 보기에도 무례한 행동이다. 이런 경우에는 어떻게 해야 할지 고민할 필요도 없다. 본능적으로 싫고, 화가 난다. 다만 맞대응을 못 할 때도 있다. 처음 보는 거구의 낯선 사람이 흥분해서 그러는 경우에는 안전을 위해 피하기도 한다. 당장 이 직장을 그만두면 생계가 어려워서 참는 경우도 있다. 그러나 적어도 내 감정은 분명하다. 나도 똑같이 말을 놓고, 큰소리를 지르고, 침을 뱉고, 비속어를 쓰고, 물건을 던지고 싶다. 다만 그런 행동을 내가 싫어하기에 하지 않을 뿐이고, 처한 상황 때문에 참을 뿐이다. 다른 사람도 그 상황이라면 마찬가지일 것이다. 무례해도 속수무책으로 당할 수밖에 없는 때가 있다. 그냥 참을 수밖에 없다.

그런데 무례하기는 한데 조금 애매할 때가 문제다. 불렀는데 대답하지 않거나 인사를 먼저 하지 않는다. 슬쩍슬쩍 말을 놓고, 고맙다는 말이나 미안하다는 말을 하지 않는다. 내가 이야기하는데 딴 곳을 쳐다보거나 고개를 숙이고 스마트폰만 본다. 같은 말을 해도 내가 하면 반응이 없고, 다른 사람이 하면 호응한다. 은근히 트집을 잡고 내 말에 자꾸 토를 단다. 나서야 할 일이 아닌데 굳이 나서겠다고 한다. 문을 쾅 닫거나 키보드를 쿵쿵 두드린다. 예의 없는 옷차림으로 나타난다. 상황에 따라 실수일 수도 있지만, 고의라면 무례한 행동이 된다. 이를 올바르게 판단할 수 있는 지혜가 필요하다.

너무 겁이 많아서 상대방의 무례함을 인지조차 못 하는 사람도 있다. 두려움에 압도되어 상대방의 무례한 행동을 정당화하며 참는 것을 당연하다고 여긴다. 그러다 결국 상대방이 무례하다는 생각 자체가 사라지게 된다. 이런 모습을 옆에서 지켜보는 이들은 안타까움을 느낀다. 당사자를 대신해 무례한 사람에게 따지려 하지만, 오히려 당사자가 갈등을 피하고 싶다며 말린다. 그러나 아무리 겁이 많고 만만해 보여도 참을 수 없는 순간은 찾아온다. 그때 옆에서 힘이 되어 줄 필요가 있다.

무례한 사람을 대처하는 법

무례한 이에게 대처하는 방식은 앞으로 다시 볼 사람인지 아닌지에 따라 달라진다. 다신 보지 않을 사이라면 다음 두 가지 선택이 있다.

- **여태까지 알고 지냈던 사람**: 서서히 멀어지는 것이 좋다. 손절했다 해도 다시 만날 수 있기 때문이다.
- **처음 보는 사람**: 단호하게 대처할 수 있지만, 상대가 기분 나빠하면 앞으로 계속 안 좋은 관계로 남을 수 있다. 상대를 확실히 파악한 후에 대처하는 것이 좋다. 잘 모르겠다면 그냥 넘어가는 것도 한 방법이다.

앞으로 계속 만나야 하는 사람이라면, 그 사람의 중요도에 따라 대처 방식이 달라진다. 상대가 나를 미워하든 말든 상관없다면 내가 하고 싶은 대로 행동해도 된다. 하지만 상대가 나를 좋아해주었으면, 무례함을 지적할 경우 오히려 미움을 살 수 있다. 그 사람의 호감을 얻고 싶다면 참아야 한다. 그래서 부모는 자식의 무례함을 참아 넘기고, 사랑하는 사람이 무례하게 굴어도 견디는 것이다.

무례함에 상응하는 가치가 제공된다면 그때도 참게 된다. 현재 직장의 모든 것이 마음에 들지만 무례한 사장 때문에 힘들다. 그의 무례함에 맞대응하면 직장을 계속 다니기 어렵다. 다른 직장과 비교했을 때 이 직장에서 얻는 이익이 크다면 무례함을 감수할 수 있다. 그러나 무례함으로 인한 심리적 괴로움과 상황적 이익을 저울질하는 일은 쉽지 않다. 반복되는 무례함에 저울이 한쪽으로 기울어지면 더 이상 참을 수 없게 된다. 손해를 보더라도 참지 않기로 결심할 수 있다. 그때조차 참았다면 끝내 미쳐서 무너졌을지도 모른다.

무례함 때문에 위험한 상황에 처해 참아야만 할 때도 있다. 매우 공격적인 사람이 무례한 행동을 했을 때, 내가 이를 지적하면 그가 어떤 반응을 보일지 모른다. 이 세상에 끊지 못할 관계는 없지만, 끊기 어려운 관계가 존재하는 것도 사실이다. 그 사람의 무례함에 맞대응하면, 상대방이 뒤끝에 당할 가능성이 크다. '되로 주고 말로 받는다'는 속담처럼 무례함에 대응할수록 상대방은 더 무례한 행동으로 응수한다. 물론 나도 맞대응할 수 있지만 타고나길 무례한 사람과 그렇지 않은 사람은 다르다. 무례함이 힘든 사람이 억지로 온 힘을 짜내 무례하게 대처해도, 상대방은 더욱 거친 무례함으로 보복한다. 상대방이 큰 소리를 지를 때 나도 큰소리를 지르지 못하면 모멸감을 느낀다. 상대방이 욕설을 퍼부을 때 내가 되받아치지 못하면 더 큰 상처가 된다. 더 큰 상처를 피하기 위해 작은 상처를 감수해야 할 때도 있다.

무례를 대처하는 방법은 개인마다 다르다

남을 생각하기에 앞서 중요한 것은 내가 어떤 사람인가이다. 무례한 사람을 대하는 방식은 성격과 기질에 따라 다르다. "시간이 지나면 잊힐 테니 참아라"라는 말은 충동적이고 복수심이 강한 사람에게는 실천하기 어렵다. 반대로 "제대로 한 번 화를 내라"라는 말은 착하고 겁이 많은 사람에게는 불가능하다. 누군가에게 맞는 방법이 나에게는 맞지 않을 수 있다.

    우리는 종종 내가 가능하면 남도 가능하다고 믿고, 나에게 좋으면 남에게도 좋을 것이라 생각한다. 괴로운 일을 용서하며 잊을 수 있는 사람에게 무례한 사람을 어떻게 대처해야 하는지 물으면 "용서가 이기는 것"이라고 조언할 것이다. 반면 작은 일에도 반드시 미안하다는 말을 받아 내는 사람에게 같은 질문을 던지면 "그냥 넘어가면 안 된다"라고 말할 것이다.

    무례한 사람을 대하는 방식은 내가 어떤 사람인지, 그리고 상대방이 어떤 사람인지에 따라 달라진다. 그렇기에 무례한 사람을 대하는 데에는 정해진 원칙이 없다. 상황과 사람에 따라 유연하게 대처하는 것이 최선이다. 그러니 줏대 없고 비겁하다고 나를 탓하지 말자.

만약 사소한 상황에도
무례함을 자주 느낀다면

그런데 사소한 상황에서도 무례함을 자주 느끼는 사람이 있다. 예를 들어, 직원이 "고객님" 대신 "손님"이라고 부르면 무례하다고 생각한다. 물건을 충분히 공손하게 놓지 않으면 무례하다고 여긴다. 관공서에서 공무원이 "무슨 일로 오셨나요?"라고 물을 때나, 지인이 "어떤 일로 전화했어?"라고 할 때도 무례하다고 느낀다. 상대가 매우 상냥한 표정과 말투로 대하지 않으면 무례하게 여기는 것이다.

    자신을 지나치게 높게 평가하는 사람은 상대가 대놓고 존중하지 않으면 무시당했다고 느낀다. 남의 입장을 이해하지 못하는 사람은 사소한 일에도 무시당한다고 생각한다. 자기보다 못하다고 여기는 사람에게 의견을 들으면 "너 따위가 나에게 그런다"라며 무시당했다고 화를 낸다. 남의 어려움에 공감하지 못하는 사람은 누군가가 힘들어서 실수했을 때조차 이를 무시로 받아들인다. 남이 자신을 어떻게 보는지 지나치게 신경 쓰는 사람은 사소한 일에도 의미를 부여하며 무시당한다고 느낀다. 사람들과 어울리는 것을 좋아하는 사람은 그 속에서 자주 무시당한다고 느낀다. 다른 사람과 자신을 비교하거나 복수심이 많은 사람은 작은 일에도 쉽게 화가 나고 무시당했다고 느낀다.

간단히 말해, 부정적이고 자신을 과대평가하며 복수심이 강한 사람은 무시당할 일이 많다. 반대로 긍정적이고 자신을 과소평가하며 관대한 사람은 무시당할 일이 거의 없다. 남이 자신을 무시한다고 자주 말하는 사람은 실제로도 남을 무시하는 경우가 많다. 반면에 다른 사람으로부터 존중받고 배려받는다고 말하는 사람은 실제로도 남을 존중하고 잘 대한다. 무례하다는 말을 자주 하는 사람은 상황이 바뀌면 자신도 다른 이에게 무례하게 행동하기 쉽다. 반면 무례하다는 말을 하지 않는 사람은 입장이 바뀌어도 상대를 존중하는 태도를 유지한다. 무례한 사람을 대처하기에 앞서, 내가 가진 무례함의 기준을 돌아보고 조정할 필요가 있다.

# 놀림과 조롱에
대처하는 법

인간은 누구나 실수한다. 누군가 실수했을 때 위로해 주고 안심시키는 긍정적인 사람도 있지만, 반대로 그 상황을 즐기며 재미있어하는 사람도 있다. 이런 사람들은 다른 이의 실수를 보고 웃음을 참지 못하고 자연스럽게 놀림으로 잇는다. 실수한 사람이 자조적으로 상황을 넘기려 하면, 그들은 이를 좋아서 그런다고 착각하며 더욱 놀린다.

    어떤 사람은 사람들 앞에서 특정인을 반복적으로 놀린다. 친구 모임에도 이런 이들이 있다. 다른 친구가 말하거나 행동하면 놀리지 않으면서, 내가 하면 비웃고 다른 사람들까지 웃게 만든다. 선하고 상대방을 배려하는 사람은 분위기를 깨지 않으려고 그냥 넘기려 한다. 그러나 다른 친구들까지 동조하면 놀리는 분위기가 형성된다. 이때부터는 내가 말을 꺼내거나 무언가를 하려고 할 때마다 놀림당한다. 결국 참지 못하고 화를 내면, 왜 그렇게 예민하게 구느냐며 상황을 얼버무린다.

회사나 모임에서 나를 번번이 지적하며 놀리는 사람이 있다. 이들은 남을 조롱거리로 만들고 깎아내리면 자신이 올라간다고 느낀다. 나를 놀리고 조롱하면서 적어도 나보다는 자신이 우월하다는 것을 확인하려는 것이다. 이런 사람들은 어른이 되어서도 사람들에게 순위를 매긴다. 자신보다 잘났다고 생각하는 사람에게는 꼼짝 못 하면서, 자신보다 못났다고 생각하는 사람들만 놀리려고 든다.

이런 일은 친구 사이에서도 자주 발생한다. 중고등학교 시절 자신이 나보다 잘나갔다고 생각하며 살아왔다. 성인이 되어 보니 객관적으로 나보다 나은 것이 없는데도, 여전히 그때의 우월감을 놓지 못한다. 나를 만나면 중고등학교 때 내가 했던 실수나 잘못된 행동만을 꺼내며 놀린다. 만나는 동안에도 조금만 틈이 보이면 나를 비웃는다. 시간이 흐르고 서로의 상황이 변하면 대하는 태도 역시 달라져야 한다. 하지만 과거의 나와 과거의 자신을 기준으로 나를 놀리기 바쁘다. 더 이상 이런 식으로 대하지 말라고 점잖게 말해도 도리어 내가 달라졌다며 비난한다. 이제 좀 잘나가니까 자신을 무시하는 거냐고 따진다. 이들은 자신이 잘나갔던 시절이 그리워 그때의 기분을 느끼기 위한 도구로 나를 이용한다. 만나면 만날수록 나만 괴로워진다.

놀림에 대응하기 어려운 이유

놀릴 때 맞대응하기는 쉽지 않다. 그 이유는 우선 누가 나를 놀릴 때는 없는 사실을 가지고 놀리지 않는다. 보통은 실제로 있는 것을 과장한다. 외모, 키, 성격, 말투, 버릇 등 나에게 있는 요소들이다. 만약 말도 안 되는 근거면 '말도 안 되는 소리 하지 말라'고 대처할 수 있다. 그러나 평소 내가 콤플렉스를 느끼는 부분을 건드리면 자신도 모르게 수세에 몰린다.

특히 ADHD(주의력 결핍 과잉 행동 장애)가 심한 경우 집중력이 떨어져 즉각적인 대응이 어렵다. 누군가 나를 놀렸을 때 순간 당황하여 반응하지 못할 때가 많고, 심지어 놀림을 눈치채지 못하기도 한다. 이로 인해 분위기에 맞지 않는 엉뚱한 말을 하거나, 눈치 없이 행동하는 경우가 발생할 수 있다. ADHD는 부주의로 인한 실수가 잦다. 실수를 많이 하면 자연스럽게 놀림의 대상이 되는 일이 늘어나고, 이는 자존감에 부정적인 영향을 미친다. ADHD로 자신의 능력을 온전히 발휘하지 못하고 반복적인 실수와 실패가 쌓이면, 스스로를 부족하다 느끼고 열등감을 가질 수 있다. 누군가 나를 놀려서 화가 날 때는 종종 '놀림당할 만하다'고 합리화하며 감정을 억누르게 된다.

　누군가가 놀리거나 불쾌한 말을 할 때 화를 내며 맞서는 사람은 의외로 드물다. 심리검사에서도 공격성을 측정하는 척도가 있는데, 대부분의 사람은 화를 내기보다는 참는 편이다. 누군가의 놀림에 맞대응하지 못했다고 자책할 필요는 없다. 심각하게 반복되지 않는 한 무시하고 넘어가는 것이 현명한 대응일 수 있다.

　다만 놀림이 너무 심해져 괴로움을 느낀다면 더 이상 그러지 못하도록 대처해야 한다. 그러나 하지 말라고 하면 오히려 더 놀리는 사람이 있다. 놀림이 지나쳐 선을 넘으면 멈추라는 신호를 보내지만, 놀리는 사람은 대체로 충동적이기 때문에 그만두지 않는다. 그런 사람은 '하지 말라'는 말을 들으면 오히려 나의 반대 의지를 꺾기 위해 놀림의 강도를 더욱 높인다. 사람은 당황하면 종종 웃는다. 화를 참는 과정에서 나도 모르게 어색하게 웃을 때가 있는데, 이렇게 웃으면서 '하지 말라'고 하면 상대방은 내가 이 상황을 즐긴다고 착각한다. 그래서 더 심하게 놀린다.

흉내 내는 조롱의 문제

놀림 중에서도 가장 기분 나쁜 것이 바로 흉내다. 남이 내 흉내를 내면 기분이 나빠지는 데는 이유가 있다. 지금은 거울이 있어 자신의 모습을 언제든지 볼 수 있지만, 과거에는 귀한 물건이라 물에 비친 모습 외에는 자신의 얼굴을 볼 기회가 거의 없었다. 목소리는 더했다. 녹음기가 없던 시절에는 남들이 내 말투에 이런저런 피드백을 주어도 내 목소리를 직접 들을 수는 없었다. 그래서 누군가 내 버릇이나 습관을 흉내 내거나 말투를 따라 하면, 왠지 낯설고 이유 없이 창피함을 느끼게 된다.

뿐만 아니라, 누군가를 흉내 낼 때는 그 사람의 특정 행동이나 특징을 과장한다. TV, 라디오, 사진 속의 모습은 있는 그대로의 모습이다. 그러나 흉내는 그 사람의 모습을 의도적으로 강조하고 과장한다. 있는 그대로의 나를 보고 듣는 것도 불편한데, 다른 사람이 나를 흉내 내는 것을 보면 더욱 불편하다. 특히 사람들은 재미있는 모습, 남과 다른 모습을 흉내 낸다. 남이 보기에는 재미있을지 몰라도 당사자로서는 부끄러워서 감추고 싶은 모습이다. 드러내지 않고자 신경 쓰고 있었을지도 모른다. 감추고 싶은 모습을 남이 흉내 내면 수치심을 느끼고 화도 난다. 누가 나를 흉내 내면 기분 나쁜 것이 당연하다.

잘나고 훌륭한 모습을 흉내 내는 것은 더 큰 문제다. 그 모습은 당사자가 매우 자랑스러워하는 부분이며, 가장 큰 장점이자 개성이라고 여긴다. 그런데 누군가가 자신의 자랑스러운 모습을 흉내 내면 자부심에 깊은 상처를 입게 된다. 그래서 모욕은 참아도 조롱은 참지 못하는 사람이 있다. 웃음거리가 되는 것을 도저히 견딜 수 없기 때문이다.

아무리 친한 사이라도 상대를 흉내 내는 것은 피하는 것이 안전하다. 내가 누군가를 흉내 낼 때 주위 사람들은 똑같다며 박장대소할지 모르지만, 당사자는 틀림없이 기분이 상한다. 그들이 느끼는 굴욕감은 상당할 수 있다. 그리고 당사자가 없는 자리에서 누군가를 놀리거나 흉내 내면, 그 이야기를 당사자에게 꼭 전하는 사람이 있기 마련이다. 전달자는 상황을 과장해서 전한다. 전달 과정에서 말이든 행동이든 실제보다 더 과장되는 경우가 많다. 이렇게 이야기를 전해 들은 당사자는 나에게 와서 따지게 마련이다. 그런 뉘앙스가 아니었다고 상황을 아무리 설명해도 소용없다. 그럴 의도가 아니었다고 해명해도 변명처럼 들릴 뿐이다.

놀림과 조롱에 대처하는 방법

그렇다면 나를 놀리거나 조롱하는 이에게 어떻게 대처해야 할까? 어색한 웃음을 지으며 상대방이 알아서 그만두기를 기다려도 놀림과 조롱은 쉽게 멈추지 않는다. 하지 말라고 해도 멈추지 않을 때가 많다. 그렇다고 화를 내기도 어렵다. 이럴 때는 아무 대응도 하지 않고, 굳은 표정으로 3분만 가만히 있어 보자. 상대방이 "왜 그러냐"라고 물어도 아무 말도 하지 말고, "잘못했어"라고 해도 반응하지 않는다. 3분만 조용히 있으면 아무리 눈치가 없는 사람도 결국 말을 멈추게 된다.

막상 그 자리에서는 화내지 못했더라도, 문자나 카톡으로 그 행동이 나를 기분 나쁘게 했다는 것을 알릴 수 있다. 만약 놀린 사람을 다시 만날 생각이라면, '너는 모르고 그랬을 수도 있지만, 나는 ~로 느껴졌어'라는 식으로 메시지를 작성해 보자. 이렇게 하면 상대방이 스스로 빠져나갈 여지를 주지 않게 된다.

사람들이 있는 자리에서 그런 상황이 발생하면, 다른 사람의 도움을 받는 것도 방법이다. 가장 친한 사람 두 명에게 미리 얘기해 두고, 다음에 그런 일이 있으면 눈치 없이 나를 놀리는 이를 말려 달라고 부탁해 보자. 한 명이 그만하라고 하면 멈추지 않을 수 있지만, 두 명이 말리면 대부분 멈춘다.

만약 나를 놀리는 이를 더 이상 만날 이유가 없다면, 어느 날 너무 화가 날 때 있는 그대로 감정을 터뜨리는 것도 한 방법이다. 우리는 서로 자연스럽게 멀어지기를 기대하지만, 대부분 다퉈서 사이가 멀어져야 관계가 끝난다. 만약 주변 사람들이 내 편이라는 확신이 든다면, 사람들이 있는 자리에서 제대로 화내는 것도 방법이다. 내가 싫어하는 사람은 대개 남들도 꺼려하기 마련이다. 내가 그 사람과 대놓고 부딪히기 껄끄러워서 참았던 것처럼, 남들도 그런 마음을 가지고 있을 가능성이 높다. 내가 한번 강하게 대응해서 기를 꺾어 놓으면, 다른 사람들도 내심 속 시원해 할 것이다.

상처 주는 습관을 멈춰야 할 때

그런데 그런 말투나 행동이 습관이 된 사람들은 자기도 모르게 그렇게 말할 수 있을 텐데, 스스로 말이나 행동을 필터링할 수 있는 방법은 없을까? 장난치거나 농담했는데 상대방이 그만하라고 하면, 그가 웃으면서 말하더라도 무조건 멈춰야 한다. 내가 의도하지 않은 표정이 상대에게서 나타나면 바로 멈춰야 한다. 대화가 갑자기 중단되면 그것이 비상 신호다. "네가 잘못 생각한 거야", "네가 예민한 거야"라는 말이 떠오를 때, 그 순간이 바로 "미안하다"라고 할 때다.

    이미 그런 말로 가까운 상대와 멀어진 경우 관계를 회복하기 위해 어떤 노력을 할 수 있을까? 상대방이 '이제 괜찮다'고 말할 때까지 진심으로 사과하되, 용서를 강요하거나 매달리는 태도는 피하는 것이 좋다. 상대방이 왜 화가 났는지 충분히 이해하지 못하더라도 그 이유를 묻거나 설명을 요구하지 말자. 만약 상대방이 화가 가라앉지 않은 상태라면 일정 기간 냉각기를 갖는 것도 좋은 방법이다. 특히 당분간 연락하지 말자는 요청을 받았다면 그 시간을 존중하며 참아야 한다. 나를 보는 것만으로도 상대방이 불편해할 때는 그저 눈에 띄지 않는 편이 현명하다.

선을 넘는 사람을 피하는 법

사람들은 종종 자신이 친밀감을 표현한다고 생각하지만, 상대방은 이를 선을 넘는 행동으로 받아들일 때가 있다. 나는 이제 충분히 가까워졌다고 느껴 이 정도 행동은 괜찮다고 생각하지만, 상대방은 그 정도로 친밀하지 않다고 느낀다. 내게는 우리 사이의 경계가 사라진 듯 보이지만, 상대방에게는 그 경계가 여전히 존재한다. 내가 보지 못하는 선이 상대방의 눈에는 분명하게 보이는 것이다.

선을 넘는 사람들

눈치가 없으면 종종 선을 넘게 된다. 선을 넘으면 상대방은 누구나 나름대로 신호를 보낸다. 하지만 처음부터 화를 내며 반응하지는 않는다. 웃으며 "하지 마"라고 말하거나, 못 들은 척 넘어가고, 슬쩍 자리를 피하는 등의 미묘한 방식으로 신호를 준다. 그러나 눈치 없는 사람은 이러한 신호가 보이지 않는다. 오히려 상대방이 자신의 행동을 재미있어 한다고 착각한다. 본인은 장난친다고 생각하지만 상대방은 괴로워한다. 그러나 본인의 눈에는 상대방의 괴로움이 보이지 않는다.

만만하게 보고 선을 넘기도 한다. 나이가 많지만 직급이 낮은 회사 동료가 있다. 나는 상급자로서 이 정도는 해도 된다고 생각하지만, 그 선배는 내가 자신을 가볍게 여긴다고 느낀다. 상대방은 자신을 어느 정도 어려워해야 한다고 생각하지만, 나는 그럴 필요가 없다고 느낀다. 결국 상대방의 입장에서 내가 선을 넘은 셈이다. 이럴 때 중요한 것은 주위의 반응이다. 나는 괜찮다고 생각하지만 다른 사람들이 심했다고 하면 그 의견을 받아들여야 한다. 반대로 나는 상대가 선을 넘었다고 생각하지만 주변 사람들이 그 정도는 누구나 할 수 있는 일이라고 하면 역시 그 의견을 수용해야 한다.

알면서도 일부러 선을 넘는 사람도 있다. 이들은 '나를 얕잡아 보지 말라'는 기선 제압의 의미로 선을 넘는다. 일종의 방어적 행동이다. 그러나 방어의 차원을 넘어, 상대방이 분명히 괴로워할 것을 알면서도 고의적으로 선을 넘는 경우도 있다. 그런 사람은 자신이 괴롭혀도 상대방이 아무런 반응을 하지 않을 것이라고 생각하며, 주로 만만해 보이는 사람을 골라 괴롭힌다. 하지만 괴롭힘당하는 상대방이 무너져 내리면 주변 사람들은 그에게 책임을 묻는다. 만약 상대방이 법에 호소하면 법적인 책임까지도 질 수 있다.

충동성이 강하면 선을 넘고는 한다. 가속도가 붙어 마치 브레이크가 듣지 않는 것처럼 행동을 멈추지 못한다. 선을 넘고 나서야 비로소 알아차리지만, 그때는 이미 늦은 경우가 많다. 심리학에서는 이를 '충동성이 강하다'고 설명하며, 자기 제어가 되지 않는 상태를 의미한다. 심사숙고하는 사람은 선을 넘지 않는다. 겁이 많은 사람도 선을 넘으면 상대방이 자신을 싫어할까 봐 걱정하며 같은 행동을 반복하지 않는다. 상대방의 입장을 잘 받아들이는 사람은 선을 넘었다고 느끼면 즉시 사과한다. 그러나 충동적이고 겁이 없으며 다른 사람의 입장을 이해하거나 공감하지 못하는 사람은 자주 선을 넘고, 그로 인해 다툼이 잦아진다.

선을 넘는 사람을 대처하는 법

1 슬쩍 피하기: 선을 넘는 상대를 마주할 때 직접적으로 대응하지 않고 자리를 피하는 방법이다. 갈등을 피하고 상황을 악화시키지 않으려는 전략이다. 상대방이 불편함을 느끼지 않도록 자연스럽게 거리를 두는 것이 중요하다.

2 다시 선을 긋기: 상대방이 넘은 선을 명확하게 다시 설정하는 방법이다. 존중받아야 할 경계를 분명히 하고, 상대에게 그 선을 넘지 않도록 신호를 보낸다. 상대방이 경계를 인식할 수 있도록 침착하게 전달하는 것이 핵심이다.

3 바리케이드를 쌓기: 상대방이 지속적으로 선을 넘을 때 더 강한 방어적 태도를 취하는 방법이다. 단호하고 분명한 태도로 상대의 행동을 제한하며, 더 이상 선을 넘지 못하도록 심리적, 감정적 거리를 유지한다.

4 나도 선을 넘어 대항하기: 상대가 계속해서 선을 넘을 경우, 나 역시 같은 방식대로 대항하는 방법이다. 이는 상대에게 자신이 느끼는 불편함을 체험하게 하여 자신의 행동을 되돌아보게 만든다. 하지만 이 방법은 신중하게 사용해야 한다.

관계를 유지하는 선

하지만 유난히 내 주변에 선을 넘는 사람이 많다면, 혹시 내가 문제는 아닌지 생각해 볼 필요가 있다. 운전하다 보면 차선을 위반하고 난폭 운전하는 사람들이 오히려 다른 운전자들에게 차선을 지키지 않는다며 난리를 치는 경우가 있다. 정작 자신이 선을 넘는 건 생각하지 않는 것이다.

'선 넘는다'는 말을 자주 사용하는 사람이 있다면, 그 사람은 상대방에게 불리한 선을 그어 놓고는 선을 넘었다며 화내는 것일 수도 있다. 자신의 기준에만 닿게 너무 무리하게 그어진 경계선이라면 상대방은 선을 넘지 않고는 움직일 수조차 없다.

우리의 가치관, 성격, 기질에 따라 선의 기준은 달라진다. 어떤 사람에게는 문제되지 않는 행동이 다른 사람에게는 선을 넘는 행동으로 보일 수 있다. 남이 내가 정해둔 선을 잘 지키는지에만 집중하지 말고, 내가 그어 놓은 선이 얼마나 합리적이고 공정한지 스스로 돌아보아야 한다. 선을 넘는다고 모두에게 짜증을 내다 보면, 결국에는 아무도 나에게 다가오지 않게 될지도 모른다.

끝없이 요구하는 사람과 거리 두는 법

욕심 많은 사람은 자신이 원하는 것을 반드시 손에 쥐어야만 만족한다. 화내거나 징징대며 불만을 표시했는데도 원하는 결과를 얻지 못하면 끝없이 상대를 괴롭힌다. 결국 주변 사람들은 지쳐서 그 요구를 들어주게 된다.

이러한 성향은 대화에서도 그대로 드러난다. 자신이 원하는 대답을 반드시 들어야 만족한다. 흔히 '답정너(답은 정해졌으니 너는 대답만 하면 돼)'라고 부른다. 그 사람과의 대화에서 원하는 답을 얻기란 거의 불가능하다.

일상생활에 사소한 부분에서는 그저 맞다고 해 주는 것이 최선이다. 예를 들어, 어느 자동차가 더 좋으냐, 어느 옷이 더 예쁘냐 같은 질문에는 굳이 맞서지 않는 것이 낫다. 그들은 이런 작은 일에서도 반드시 이기려 하기 때문이다. 내 의견을 펼치기 시작하면 대화는 끝나지 않고, 멈추고 싶어도 끝낼 수 없다. 이들은 항상 마지막 말을 자신이 해야만 만족한다. 내가 하고 싶은 말을 다 하고 멈추려 해도, "그런데"라며 토를 달고 트집을 잡으며 자신이 옳다는 주장을 끝까지 고집한다. 내가 틀렸고 네가 맞았다고 인정하지 않으면 대화는 끝나지 않는다.

이런 성향은 성격 차원에서 끝나지 않는다. 답정녀는 상대방의 한계를 시험하듯 끝없이 밀어붙여 자신이 원하는 답변을 듣기 전에는 절대 만족하지 않는다. 그 과정에서 상대는 점점 더 지치고 고립된다. 왜냐하면 답정녀는 상대의 마음속에 불안을 일으키고, 결국 자신이 옳다는 확신을 심기 위해 상대의 감정적 약점을 교묘하게 이용하기 때문이다. 이때 기억해야 할 것은 중요한 문제에서 그들에게 맞서 싸우지 않고 단순히 져 주는 것이 싸움에서 더 큰 패배를 불러올 수 있다는 사실이다. 그들은 한 번 양보하면 그것을 약점으로 보고 더 강하게 밀어붙이기 때문이다.

답정너들의 심리는 이렇다

사소한 문제에서는 져 주는 것이 나을 수 있지만, 실질적으로 내 삶에 영향을 미치는 중요한 문제를 양보하면 큰 문제가 발생한다. 이들은 내가 지친 나머지 져 준 것을 자신이 옳다고 인정받은 것으로 해석한다. 내가 설득된 것이 아니라 단지 피곤해서 물러난 것임에도, 그들은 내가 그 주장을 받아들였다고 믿는다.

나중에 내 입장을 다시 이야기하면 그들은 이미 논의가 끝났다고 주장하며, 내가 주장을 수용한 것처럼 기정사실화한다. 그리고 내가 동의했으니 이제 행동으로 옮기라고 요구한다. 내가 거부하거나 반박하면, 왜 이제 와서 딴소리냐며 나를 이랬다저랬다 하는 사람, 약속을 지키지 않는 사람, 심지어 거짓말쟁이로 몰아세운다.

이러한 상황에서 상대방의 요구를 계속 받아 주면 점점 더 불리한 위치에 놓인다. 답정너는 상대방의 요구를 관철시키는 데 성공할 때마다 자신이 더 강한 위치에 있다고 느끼고, 나의 태도를 자기 승리로 간주한다. 그들은 한 번의 승리를 발판 삼아 더 큰 요구를 한다. 이 패턴은 작은 요구에서 시작해 점점 더 커지는 경향이 있다. 나중에는 단순한 부탁이 아니라 인생의 중요한 순간까지 그들의 손에 좌우되는 상황이 벌어진다.

이러한 상황은 중요한 결정에서 져 주는 순간 더 악화된다. 그들은 이를 이용해 나를 더욱 몰아붙인다. 시험이나 회사 입사 같은 중요한 결정에도 같은 패턴이 반복된다. 이렇게 한발 물러서기만 하면 끝이 없다. 내가 져 주면 져 줄수록 그들은 집요하게 나를 공격하고 자신이 원하는 목표에 더 가까워진다. 그들의 최종 목표에 다가갈수록 공세는 더욱 거세진다. 결국 매번 그때 왜 그랬을까 후회하면서도 같은 실수를 반복하게 된다. 처음부터 단호하게 거절하지 않으면 인생이 끝없이 피곤해진다.

불편한 요구에는 단호하게 대처하기

설령 그들이 작은 일에서 만족했다고 해도 내가 지는 것이 너무 화가 나 잠을 이루지 못한다면 절대 그래서는 안 된다. 상대가 기분 나빠하고 화낼 것에 각오가 되었다면, 내가 할 말을 다 하고 일어나서 나가 버리면 된다. 내가 눈앞에서 사라지면 그들은 더 이상 몰아세울 수 없고 이길 수도 없다. 할 말을 다 하고 전화를 끊어 버리면 그들은 더 이상 자기주장을 밀어붙일 방법이 없다.

할 말을 전할 때는 일방적인 방법을 택하는 것이 좋다. 대화나 전화는 계속 이어질 가능성이 크다. 메시지나 카톡도 마찬가지다. 조금 구식이긴 하지만 편지를 보내는 방법도 있다. 그리고 더 이상 전화받지 않고, 문자는 무시하며, 카톡도 차단하는 것이 현명하다. 답장이 오면 반송함에 넣어 보내 버릴 수도 있다. 상대가 또다시 편지를 보내면 그럴 때는 그냥 찢어 버리는 것이 최선이다.

결국 중요한 것은 내가 더 이상 상대방의 영향 아래 있지 않다는 사실을 인식시키는 것이다. 나를 지배하려는 그들의 시도는 내가 반응하지 않고 철저하게 단절함으로써 무너진다. 이때 중요한 것은 감정적으로 흔들리지 않고, 그들의 요구나 공격에 무관심한 태도를 유지하는 것이다. 공격은 일시적일 뿐이며 시간이 지나면 그들도 내가 더 이상 반응하지 않음을 깨닫는다.

그 사람이 기분 나빠할까 걱정될 수도 있다. 하지만 답정너와 평화롭게 멀어지는 방법은 없다. 답정너는 멈추지 못하는 불도저와 같다. 그들에게 굴복하지 않으면 나도 괴롭지만 답정너도 괴롭다. 그들이 그렇게 이기고자 하는 이유는 자신이 옳고 내가 틀렸다는 것을 확인하지 못하면 너무 힘들기 때문이다. 그들의 사전에는 '너도 맞고 나도 맞다'거나 '너도 틀리고 나도 틀렸다'는 개념이 없다. 항상 자신만 옳아야 하고, 상대방은 틀려야 한다. 자신이 맞다는 것을 확인할 유일한 방법은 상대방이 스스로 틀렸다고 인정하는 방법뿐이다. 그런데 상대가 절대 인정하지 않으면 답정너는 그 상황을 견디지 못하고 돌아 버릴 것처럼 괴로워한다. 결국 다시는 그 고통을 주고 싶지 않아서 나를 멀리한다. 그렇기 때문에 상대와 거리를 두고 싶다면 그들이 맞다고 인정하지 않고 끝까지 버텨야 한다. 그로 인해 사이가 나빠지더라도 괜찮다. 상대가 나에게 진절머리가 나게 만들고, 결국 다시는 나에게 연락하지 않게 해야 한다.

따라서 사이가 나빠지는 것을 두려워하지 말자. 답정너와 멀어지기 위해서는, 그로 인한 고통에서 벗어나기 위해서라도 사이가 나빠져야 한다. 이는 두려워할 일이 아니라 반드시 달성해야 할 목표다.

당당하게 부탁을 거절하는 법

거절하지 못하는 사람들이 많다. 거절하고 싶은 마음과는 달리, 상대방의 부탁을 들어줄 수밖에 없는 상황에 처한다. 거절하지 못하는 이유를 명확히 이해해야만 그에 따른 대처 방법을 찾을 수 있다. 그러므로 자신의 심리적 장애물을 마주하고, 그것을 극복하기 위한 방법을 모색하는 것이 필요하다.

거절을 못하는 이유 1: 믿음과 신뢰

상대방을 믿으면 거절하기가 쉽지 않다. 사람을 믿는 것 자체는 문제가 없지만, 믿어서는 안 되는 사람을 믿는 것이 문제다. 사람을 잘 믿는 사람이 있고, 그렇지 않은 사람도 있다. 대체로 사람을 잘 믿는 사람은 거절을 못하고, 사람을 잘 믿지 않는 사람은 거절을 잘한다. 이로 인해 사람을 잘 믿으면 믿을 만한 사람이 아닌데도 믿어 피해 볼 가능성이 높다.

가깝다고 생각한 사람일수록 더욱 믿게 된다. 전염병이 돌 때 사람들은 혹시 감염될까 봐 대중교통이나 공공장소에서 마스크를 착용한다. 하지만 가족이나 친구를 만날 때는 마스크를 쓰지 않는다. 가족이나 친구라고 해서 전염병에 걸리지 않는 것은 아니다. 가족이나 친구가 전염병에 걸릴 확률은 우연히 마주친 사람이 걸릴 확률과 동일하다. 그럼에도 불구하고 단지 가까운 사이라는 이유로 괜찮을 것이라 믿는 것이다. 가깝다는 이유만으로 사람을 믿는 것은 사람의 본능이다.

믿음이 있으면 거절하기가 쉽지 않다. 거절하지 못하고 부탁을 들어주는 것 자체는 문제가 아니다. 그 사람도 나를 거절하지 않고 부탁을 들어주면 된다. 그러나 내가 그 사람과 가깝다고 느끼는 정도와 그 사람이 나와 가깝다고 느끼는 정도가 다를 경우, 나의 믿음과 그 사람의 믿음 또한 달라진다.

나는 그 사람을 상당히 믿고 그 사람의 부탁을 들어준다. 언젠가 그 사람도 내 부탁을 들어줄 것이라고 믿는다. 하지만 반대로 그 사람은 나를 별로 믿지 않으며 자신이 부탁했을 때 내가 들어주지 않을 것이라 생각한다. 결국 그 사람은 내 부탁을 들어주지 않는다. 내가 계속 돈을 써도 그 사람은 전혀 돈을 쓰지 않는다. 처음에는 그 사람이 언젠가 한 번 살 것이라 기대했지만 결국 그 기대는 무산된다. 나는 그 사람의 부탁을 거절하지 않은 것을 후회하게 된다.

태어날 때부터 이기적인 사람도 있고, 눈치가 없는 사람도 있다. 그들은 내가 아무리 기다려도 나를 위해 돈을 쓰지 않는다. 그런 사람에게는 아무것도 아닌 부탁을 해 보는 것이 좋다. 그런 부탁조차 들어주지 않는 사람은, 정말로 중요한 일이 있을 때도 나를 도와주지 않을 가능성이 크다.

더 나아가 이용당하는 경우도 있다. 어떤 의미에서 이는 협박과도 같다. 상대방의 부탁을 거절하면 안 될 것 같아 거절하지 못한다. 사실 나는 그 사람을 위해서 돈을 쓰고 싶다는 생각이 전혀 없다. 그러나 거절하면 그 사람이 화를 낼까 봐, 나쁜 소문을 퍼뜨릴까 봐, 혹은 괴롭힐까 봐 두려워서 돈을 쓴다. 누군가 나를 미워하는 것을 참지 못하거나, 엄청나게 겁이 많으면 이런 식으로 이용당하게 된다.

거절을 못하는 이유 2: 판단력

판단력 부족으로 거절을 못하기도 한다. 남을 믿는 것 자체는 문제가 아니다. 문제는 상대방이 자신의 말을 지키지 못할 때 발생한다.

우선 어쩔 수 없는 경우가 있다. 예를 들어, 지인이 돈을 꿔 달라고 부탁하면서 한 달 안에 갚겠다고 약속했다. 처음에는 그 지인도 진짜 한 달 안에 돈을 갚을 생각이었고, 실제로 돈을 갚으려고 준비했다. 그러나 생각대로 되지 않아 도저히 갚을 수 없게 된다. 지인의 의지를 믿은 것은 잘못이 아니지만, 지인의 능력을 믿은 것은 잘못이다.

때때로 처음부터 나를 속이려 드는 이에게 넘어가는 경우도 있다. 황당한 사연을 늘어놓으며 부탁할 때 넘어가는 사람이 있다. 판단력이 부족하면 이런 상황에 넘어가게 된다. 또 말도 안 되는 큰 보상을 미끼로 부탁할 때 넘어가는 사람이 있다. 판단력이 부족하면 그 유혹에 쉽게 넘어가게 된다.

거절을 못하는 이유 3: 착한 성향

착해서 거절을 못하는 경우도 많다. 어렵지도 않고 시간도 오래 걸리지 않는 일이 있다고 가정해 보자. 누군가가 부탁할 때 어떤 사람은 그 일이 별것도 아니니까 해 준다. 반면 또 어떤 사람은 별것도 아닌 일임에도 불구하고 거절한다. 착한 사람은 대체로 거절하지 않고 부탁을 들어주는 경향이 있다. 누군가에게 도움 되는 것은 자존감도 높여 준다.

착한 것 자체는 문제가 되지 않는다. 문제가 되는 것은 슬럼프에 빠지거나 스트레스를 많이 받아 능력이 저하될 때다. 능력이 낮아지면 평소에 쉽게 하던 일도 어렵게 느껴진다. 평소에 빨리 끝내던 일조차 질질 끌면서 제때 마치지 못한다. 그러나 남들은 평소와 다르지 않다고 생각한다. 나 자신조차 내가 평소와 다르다는 것을 인지하지 못한다. 그래서 전처럼 부탁을 들어주게 된다. 하지만 그 과정이 벅차게 느껴진다. 힘들다 보니 나에게 부탁하는 사람들이 원망스럽고, 그동안 그들의 부탁을 들어준 것을 후회한다. 주변 사람들이 나에게 부탁하도록 잘못 길들인 것 같다는 생각이 든다. 바보처럼 손해만 보고 살아온 것 같아 속상하기도 하다.

하지만 착하고 능력이 있어서 남의 부탁을 들어주는 것은 결코 잘못이 아니다. 오히려 매우 훌륭한 일이다. 단지 착하다는 이유만으로 남의 부탁을 들어줄 수는 없다. 능력이 뒷받침되어야 한다. 그러므로 나는 능력도 있으면서 착하기까지 한 훌륭한 사람이다. 억지로 나쁜 사람이 되려고 할 필요는 없고, 다른 사람이 되려고 노력할 필요도 없다. 단지 능력만 회복하면 모든 문제는 저절로 해결될 것이다.

거절을 못하는 이유 4: 감정

누군가를 좋아하면 그 사람의 부탁을 들어주게 된다. 내가 좋아하는 사람이 편하고 행복하면 나도 편하고 행복하다. 아무리 힘들어도 해 달라는 대로 해 주게 된다. 힘들지만 그 사람을 위해 뭔가를 해냈다는 것이 자랑스럽고, 힘든 만큼 나는 그 사람을 더욱 아끼게 된다. 고생하면서도 그 사람의 부탁을 들어줬다는 것은 내가 그만큼 그 사람을 소중히 여긴다는 증거다. 하지만 그 사람에 대한 좋은 감정이 사라지면 평소에 부탁을 거절하지 못한 것이 후회된다.

  누군가를 존경할 때도 마찬가지다. 평소에 존경하던 사람이 뭔가를 부탁하면 인정받는 기분이 들어 부탁을 기쁘게 여긴다. 그러나 더 이상 그 사람을 존경하지 않게 되면 그 사람의 부탁을 거절하지 못한 것이 후회된다.

　누군가 불쌍해서 부탁을 들어주고 후회하는 경우도 유사한 맥락으로 이해할 수 있다. 어떤 사람이 불쌍하다는 이유로 부탁을 들어줬는데, 나중에 그 사람이 그렇게까지 어려운 처지가 아니었다는 것을 알게 되면 배신감이 들면서 화가 난다. 하지만 그때는 내 감정이 이렇게 뒤바뀔 것이라고 전혀 알지 못했다. 당시에는 정말 좋아서 한 일이었고 지금 감정이 바뀐 것일 뿐이다.

거절을 못하는 이유 5: 두려움

겁이 나서 부탁을 들어주기도 한다. 상대방이 나를 싫어할까 두려운 마음이 들기 때문이다. 주변에서는 그까짓 미움 한번 받는다고 큰일 나는 것도 아니니 그냥 거절하라고 충고하지만, 그런 말은 겁이 많은 사람의 마음을 이해하지 못한 채 하는 말이다. 겁이 많은 이에게는 이럴 때 핑계를 댈 누군가가 필요하다. 부모, 형제, 배우자, 상사, 후배 핑계를 대면서 거절할 수밖에 없다. 정직하게 '못하겠다'고 말하는 것은 거의 불가능하다. 때로는 대신 거절해 줄 사람이 필요할 수도 있다.

협박을 받아서 거절하지 못하는 경우도 있다. 이때는 상대방이 나를 싫어하는 데 그치지 않고, 보복당할지도 모른다는 두려움이 따른다. 협박을 당하면 나쁜 것과 나쁜 것 사이에서 선택해야 하는 상황에 놓인다. 상대방의 부탁을 들어주면 당장은 100퍼센트 힘들어지지만, 그 부탁을 거절한다고 해서 상황이 나아지는 것도 아니다. 거절할 경우 아마 힘들어질 가능성도 있지만 그 확률은 100퍼센트가 아니다. 부탁한 사람이 다른 사람을 통해 일을 해결할 수도 있고, 심지어 끔찍한 일이지만 부탁한 사람이 사고로 죽을 수도 있다. 그러므로 당장 확실한 100퍼센트의 고통을 피하는 것이 우선이다. 만약 진짜 두려운 상황이라면 경찰이나 변호사나 가까운 사람과 의논해 도움받아야 한다. 나를 도와줄 이와 힘을 합쳐야 해결할 수 있다. 혼자 힘으로 협박에서 벗어나기는 쉽지 않다.

거절을 못하는 이유 6: 귀찮음

귀찮아서 부탁을 들어주는 경우가 있다. 고민하고 심사숙고하는 것이 번거롭게 느껴지기 때문이다. 상대방이 끈질기게 요청하면 골치가 아프다. 이런 상황을 끝내기 위해 그냥 들어주기로

하는 것이다. 하지만 막상 부탁한 일을 하려니 복잡하고 힘들다는 생각이 든다. 괜히 부탁을 들어줬다는 후회가 밀려온다.

힘들고 귀찮아도 찬찬히 생각해야 하지만 매번 그런 여유를 갖기는 쉽지 않다. 그래서 그 자리에서 승낙하지 않는 습관을 기르는 것이 중요하다. 그러나 성격이 급한 사람은 참을성이 부족해 그런 습관을 들이기 어려운 경우가 많다. 차라리 미안하다고 하면서 나중에라도 못하겠다고 말하는 습관을 들이는 것이 더 나을 수 있다. 이랬다저랬다 하다가 비난받을 수도 있지만, 이런 성격과 기질을 가진 사람은 원하지 않는 일을 어차피 잘 해내지 못한다. 골치 아프고 짜증 나는 일을 차분히 해결하기 어렵다. 지금이라도 두 손 두 발 들고 포기한 후 약속을 지키지 못한 것에 대해 진심으로 사과하는 것이 더 현명하다.

거절을 못하는 이유 7: 욕망

무의식적이든 의식적이든 욕망 때문에 부탁을 거절하지 못하는 경우도 많다. 부탁을 들어줄 때 대가가 없다면 쉽게 들어주지 않을 것이다. 하지만 돈을 준다면 생각이 달라진다. 어떤 형태로든 반대급부로 이익이 생길 것 같으면 결정을 바꾸게 마련이다. 그러나 막상 부탁한 일을 수행하면 그 일이 너무 힘들다는 것을 깨닫게 된다. 그러면서 약속된 돈이 적다는 생각이 들어 짜증이 난다. 실제로 부탁한 일을 해 주었는데 상대방이 약속을 지키지 않으면 더욱 불만이 쌓인다. 때로는 말도 안 되는 큰 보상을 약속하며 곤란한 일을 부탁하는 사람도 있다. 하지만 매우 좋은 일은 대체로 발생하지 않는다. 이런 기회가 다시 오지 않을 것 같을 때야말로 더욱 조심해야 할 시점이다.

당연하게 부탁하는 사람들

남에게 무언가를 부탁할 때, 친절하게 부탁하는 사람이 있는가 하면 당연하게 부탁하는 사람도 있다. 친절하게 부탁하는 것은 상대방의 감정을 헤아리며 요청한다는 뜻이다. 상대방에게 폐를 끼칠까 미안한 마음이 들어 더욱 친절하게 하는 것이다. 그런 사람은 상대가 부탁을 들어주지 않더라도 크게 상처받지 않는다. 오히려 미안하다며 상대에게 그 마음을 표한다. 이처럼 서로를 배려하는 마음은 관계를 더욱 깊게 만들어 준다.

얼핏 생각하면 당연하게 부탁하는 사람은 거절당해도 마땅할 것 같다. 친절하게 정성을 다해, 마치 선물을 주듯 부탁해야 하는데, 성의 없이 당연히 들어줘야 한다고 생각했으니 거절당하는 것도 당연해 보인다. 하지만 아이러니하게도, 당연하게 부탁한 사람이 오히려 더 큰 상처를 받는다. 그들은 상대가 자신의 부탁을 당연히 들어줄 것이라고 생각하기 때문에 거절당하면 화가 나고 당황스러워한다. 심지어 무시당했다고 느끼며 성을 내기도 한다. 이런 경우 상대방의 정서와 관계에 큰 균열이 생길 수 있다.

절대 권력을 지닌 사람의 부탁은 친절하든 당연하든 상대방이 거절하기 어려운 법이다. 상대방에게는 부탁이 아니라 사실상 명령처럼 느껴진다. 절대 권력을 지닌 이가 지시나 명령을 부탁의 형태로 바꿔서 전달하면, 그것이 나름 배려로 받아들여지기도 한다. 그들이 당연하게 부탁하는 것은 어찌 보면 자연스러운 일일지도 모른다. 그러나 아무리 절대 권력을 지녔더라도, 반말하거나 화내며 불쾌하게 부탁하면 받아들이는 사람에게는 앙금이 남는다. 겉으로는 별말 없이 응하더라도 속으로는 불만을 품고 뒷말을 하게 된다.

절대 권력을 지닌 사람이라도 불쾌하게 부탁하면 상대방은 그 부탁을 불쾌하게 받아들인다. 하물며 상대방과 내가 동등한 권리를 지닌 경우에 불쾌하게 부탁하면, 상대방은 그 요청을 쉽게 튕겨 낼 가능성이 높다. 문제는 상대방은 자신이 나보다 높은 위치에 있다고 생각하는데, 나는 상대방이 나보다 낮은 위치에 있다고 생각할 때다. 서로 동등한 위치에 있을 때는 자연스러운 부탁이 상하 관계 상황에서는 당연하게 받아들여지지 않는다. 나는 내가 더 잘났다고 생각하며 당연하게 부탁했지만, 자신이 나보다 우위에 있다고 생각하는 상대방에게는 그 부탁이 불쾌하게 느껴질 수 있다.

세상을 살다 보면 들어줘도 그만 안 들어줘도 그만인 일들이 있다. 하지만 엄청난 압박을 받으면 그런 사소한 일도 들어주게 된다. 거절했을 때의 정신적 고통이 들어줬을 때의 귀찮음보다 더 크게 느껴지기 때문이다. 그래서 어떤 사람은 힘을 과시하며 부탁해야 상대방이 들어준다고 생각한다. 하지만 불친절한 사람은 애초에 기피 대상이다. 불친절한 사람이 하는 부탁은 누구도 들어주고 싶지 않다. 만약 그 사람이 안 들어줘도 그만인 부탁을 하면 대부분의 사람은 일단 거절하고 본다. 거절된 부탁을 뒤집으려면 결국 난리를 쳐야 한다. 그러나 불친절한 사람은 자신이 애초에 잘못된 태도를 가졌다는 사실을 깨닫지 못한다. 자신의 불친절함이 타인의 거절을 초래한다는 사실을 모른 채, 더욱 난동부리며 점점 더 기피 대상이 된다.

사람들은 자신을 모두 높게 평가한다. 내가 나와 비슷하다고 생각하는 사람들 대부분도 사실 자신이 나보다 잘났다고 생각한다. 내가 나보다 못하다고 여기는 사람들조차도 자신이 나보다 못할 것이 없다고 여긴다. 그렇기 때문에 가능하면 친절하게 부탁하자. 그리고 상대방에 대한 기대치도 낮추는 것이 좋다. 내가 부탁했을 때 상대방이 당연히 들어줄 것이라고 기대하지 않아야 한다. 상대방이 부탁을 들어주면 "세상에 이런 일이 다 있네!"라며 기뻐하면 된다. 상대방이 당연히 부탁을 들어줄 것이라고 생각하면 그들이 거절했을 때 화가 나기 쉽다. 심지어 내가 원하는 것을 일부만 들어줘도 불만이 생긴다.

누구에게나 나를 거절할 권리가 있다. 그렇다 하더라도 내가 상대방의 부탁을 들어줬는데 상대방이 내 부탁을 들어주지 않으면 화가 난다. 그럴 때는 상대방의 거절할 권리를 인정하자. 대신 다음에는 나도 거절할 권리를 주장하자. 남의 거절할 권리를 인정하는 대신 나도 내 권리를 당당하게 행사하는 것이다. 더 이상 나만 손해 보면서 살지 말자.

나를 지키는 거절에 당당해지기

우리는 좋은 것과 나쁜 것 사이에서 항상 좋은 것을 선택하고자 노력한다. 하지만 나를 이용하는 사람들을 상대할 때는 나쁜 것과 나쁜 것 사이에서 선택할 수 없다. 이들은 결코 자신의 이익을 포기하지 않을 것이다. 더 좋은 먹잇감을 찾으면 나를 놓아줄 수도 있지만, 그렇지 않은 이상 이들은 나를 집요하게 끝까지 이용하려고 할 것이다.

이들의 기분을 나쁘게 하는 것이 두려운 건 사실이다. 이들의 전투력은 상상을 초월한다. 그러나 계속 이용당하다 보면 나는 앞으로도 괴롭기만 할 것이다. 이들의 기분을 나쁘게 하는 것을 두려워해서는 안 된다. 이들이 나를 싫어해야만 벗어날 수 있는 길이 열린다.

불편한 상황에서 스트레스받지 않는 사람은 없다. 내가 누군가의 부탁을 들어주면서 이번이 마지막이라고 하면, 상대방이 그동안 고마웠다고 하면서 다시는 부탁하지 않는 식으로 서로 마음 상하지 않게 문제가 해결되기를 바란다. 그런데 그런 사람치고 다시 부탁하지 않는 사람이 없다. 매번 이번이 마지막이라면서 부탁했다면 다음에도 또 부탁할 것이다. 따라서 상대방이 요청하는 것을 당연시하자. 상대방이 나를 배려해 줄 거라고 기대하지 말자.

내가 거절하지 않는 한 부탁은 계속된다. 그의 입장에서는 내가 들어주나 안 들어주나 손해 볼 것이 없다. 상대방은 나에게 부탁하지 않을 이유가 없다. 상대방으로서는 내가 부탁을 들어

주면 좋은 일이다. 내가 부탁을 들어주지 않으면 그때 가서 다른 사람을 알아보든지 자기가 하든지 하면 된다. 그만큼 다른 에너지와 시간이 소모되므로 나에게 부탁하는 것이다. 말 그대로 밑져야 본전이다. 그러니 거절하는 것은 나의 책임이다. 상대방이 이번이 마지막이라고 해도 다시는 믿지 말자.

내가 더는 부탁을 안 들어줘야 그 사람도 더는 부탁을 안 한다. 부탁을 거절하면 상대방이 그동안 고마웠다며 알아서 포기할까? 그렇게 경우가 바른 사람이었다면 곤란한 부탁을 반복했을 리가 없다. 처음 부탁을 거절하면 상대방은 더 거센 태도로 나올 것이다. 지금까지 잘 해놓고 지금 와서 왜 이러냐며, 너밖에 없다면서 울고 무릎 꿇고 난리 칠 수 있다. 여기서 물러나면 자신의 시간과 에너지만 소모한 것이기 때문에 더 격하게 반응하는 것이다. 그러다 갑자기 이러면 어쩌라는 거냐며 되레 화를 낸다. 그래도 나의 태도가 바뀌지 않으면 이판사판으로 대든다.

상대방이 이렇게 억지를 부리며 폭발하면 너무 괴롭다. 그냥 부탁을 들어주고 말까 갈등하게 된다. 그러나 상대방이 완전 폭발할 때 나만 괴로운 것이 아니다. 적반하장으로 나오는 상대방도 괴롭다. 괴로우니까 화를 내는 것이다. 기분 좋아서, 행복해서 화내는 사람은 없다. 나도 감정의 상처를 입지만 상대방도 감정의 상처를 입는다. 그동안은 그 사람의 부탁을 들어주면서 나만 상처를 입었다. 그러나 이번에는 상대방도 나름 타격을 입는다. 나한테 부탁할 때 예상되는 이익보다 감정적 고통이 더 커졌을 때 상대방은 더 부탁하지 않는다. 그동안 나는 서로 싸우면 어색할까 봐, 사이가 멀어질까봐 걱정되어서 부탁을 들어줬다. 그런데 부탁을 들어주지 않아서 싸우고 멀어진다면 그것처럼 잘된 일이 없다.

부탁을 안 들어준다, 들어준다 실랑이하다가 결국 들어줄 수도 있다. 그렇다 하더라도 억지로 웃으면서 거절하는 것보다는 훨씬 낫다. 부탁하는 상대방도 나름 타격을 입었기 때문에 다음에는 조금이라도 망설일 것이다. 따라서 거절할 때 상대방이 화내는 것을 걱정하지 말자. 상대방이 진심으로 화가 나야, 내가 지긋지긋해져야 더는 부탁하지 않을 것이다.

싸움에 밀려서 해 주겠다 했는데 너무 기분이 나빠서 못하겠으면 안 해도 된다. 상대방은 약속을 지키지 않았다고 길길이 날뛸 것이다. 그러나 다시는 부탁하지 않겠다는 약속을 어긴 상대방이 잘못인 것이다. 먼저 약속을 깬 것은 너지 내가 아니다. 상대방의 일이 엉망이 되어도 개의치 말자. 부탁한 일을 하느라고 내 일과 인생은 항상 엉망이었다. 상대방도 한번 엉망이 되어 봐야 한다. 충분히 기분 나빠야 상대방이 더는 부탁하지 않을 것이다. 그리고 일이 한 번 엉망이 되면 그다음에는 나한테 부탁하려다가도 망설일 것이다. 설혹 내가 해 주겠다고 해도 중간에 못 하겠다고 할까 불안해서 나에게 부탁을 안 할 것이다.

어떤 사람은 미움받는다는 상상만으로도 골치가 아플 수 있다. 누가 나를 싫어한다는 것만으로도 가슴이 떨린다. 관계가 끊어지는 것과 미움받는 것을 동일시한다. 그러다 보니 번번이 거절을 못한다. 진정으로 거절할 생각이라면 관계를 끊을 각오도 해야 한다. 궁극적으로 관계를 끊어야 거절도 끊는다. 거절은 하면서 관계를 유지하려다 보면 매번 밀린다. 이렇게 예의 없고 막무가내인 사람이 나를 미워하건 싫어하건, 나의 삶에 큰 영향을 주지 않는다. 다만 조금 불편할 뿐이다. 거절이 두렵다면 그럴수록 거절할 용기가 더욱 필요하다.

 가스라이팅을 직시하는 법

'가스라이팅'이라는 말은 모르는 사람이 없을 정도로 널리 알려진 개념이 되었다. 가스라이팅을 이해하려면 세뇌를 알아야 한다. 세뇌는 사람을 강제로 가두고 생각을 주입하여 그들의 사고방식을 바꾸는 것을 말한다. 이를 위해서 심리적 방법뿐 아니라 물리적 방법도 동원된다. 당하는 사람이 처음에는 이를 알고 거부하지만, 결국에는 이를 받아들여 세뇌가 이루어지기도 한다. 가스라이팅 역시 세뇌의 한 종류다. 하지만 폭력을 포함한 물리적 압력을 동반하지 않는 경우에만 가스라이팅이라고 부른다. 만약 폭력이 두렵거나, 욕설이나 비난이 두려워서 상대방의 뜻을 따르게 되었다면 그것은 가스라이팅이 아니다.

폭력과 가스라이팅

가스라이팅은 교묘하게 상대방을 심리적으로 지배하는 방식을 말한다. 자신도 모르게 속아 넘어가서 상대방이 원하는 대로 믿고 행동하는 것이다. 자신이 속고 있다는 사실조차 인식하지 못하기에 시간이 지나 상황이 바뀌었을 때야 비로소 사실을 깨닫게 된다. 가스라이팅이라는 말이 너무 흔하게 쓰이다 보니 폭력이나 협박 때문에 어쩔 수 없이 상대방의 뜻대로 움직인 경우도 가스라이팅이라고 말하는 경우가 많다. 그러나 이는 살아남기 위해 어쩔 수 없이 굴복한 것이며 둘은 분명히 다르다.

가스라이팅을 당했다고 말하는 사람 중 상당수는 자신을 원망하는 경향이 있다. 가스라이팅을 당한 기분은 보이스피싱에 당했을 때와 비슷하다. '바보처럼 당했다'라고 스스로를 비난하는 것이다. 그러나 폭력의 두려움 때문에 상대방이 하자는 대로 따랐고, 그것이 오랜 시간 지속되면서 결국 자신이 틀렸다고 믿게 된 경우는 가스라이팅이 아니다. 이를 가스라이팅이라고 오인하며 스스로를 비난하는 것은 옳지 않다.

왜 폭력이나 협박 때문에 어쩔 수 없이 행동한 후 나중에 가스라이팅을 당했다고 자책하게 되는 걸까? 이는 상황이 달라졌기 때문이다. 상대방이 하자는 대로 따랐던 당시에는 폭력에 직면해 있었다. 다른 선택지가 없었다. 그러나 시간이 지나 가해자와 분리되면 공포도 서서히 줄어든다. 그러면서 지금의 나로서는 그때처럼 행동하지 않았을 것 같다는 생각이 든다. 그때의 상황을 돌아보면 가해자에게 속은 것처럼 느껴지기 때문에 가스라이팅을 당했다고 표현한다.

하지만 과거는 지금과 다르다. 지금의 나라면 그렇게 당하지 않았겠지만, 그때의 나는 상황이 달랐다. 나는 더 약했고 그 상황에서 할 수 있는 최선을 선택했다. 사실 나는 그 시간을 아주 훌륭하게 버텨 낸 것이다. 그러므로 가스라이팅이라는 단어로 스스로를 비난할 필요가 없다. 나는 피해자였을 뿐이다. 문제는 나를 괴롭힌 가해자에게 있는 것이지, 그 상황에서 어쩔 수 없이 세뇌당한 자신에게 있는 것이 아니다.

보이지 않는 심리적 실체, 가스라이팅

가스라이팅은 속는 줄도 모르고 속는 것이다. 처음에는 자신의 의지대로 좋아서 행동한다고 믿지만, 나중에 깨닫고 보면 사실은 상대방의 뜻에 따라 움직였다는 것을 알게 된다. 그러면 도대체 왜 내가 그렇게 행동했는지 이해할 수 없다.

인간이 가스라이팅에 취약한 이유는 세 가지 심리적 기제로 설명할 수 있다. 첫째, 사람은 쾌락을 추구하고 고통을 회피하려는 욕구인 '쾌락 추구 동기 hedonic motive'를 가지고 있다. 쾌락은 누군가를 지배하는 데 매우 강력한 도구다. 예를 들어, 성적인 쾌락을 위해 많은 희생을 감수하거나, 끊어야겠다고 마음먹은 관계도 선물 하나에 쉽게 마음이 흔들리거나, 뇌물에 움직이기도 한다.

쾌락만큼이나 중요한 것은 고통이다. 작은 고통을 피하려고 상대의 부탁을 들어주다 보면, 나중에는 더 큰 고통에서 벗어날 수 없게 된다. 협박도 마찬가지다. 협박의 강도는 시간이 지날수록 점점 심해진다. 지금 요구를 들어주더라도 시간이 지나면 또다시 이어질 것이다. 그러나 당장 거부하면 괴롭기 때문에 이번 한 번만이라는 생각으로 협박에 응한다. 하지만 상대는 다시 협박하고, 나는 점점 더 약해진다. 약해지면 사고력이 흐려진다. 갈등의 고통을 견디지 못하게 된다. 결국 내가 틀렸고 잘못되었다고 생각하는 게 마음이 편해진다. 그 과정에서 상대방은 점점 더 강해 보이고, 나는 점점 더 약해 보인다. 결국 가스라이팅하는 상대가 완벽한 존재라고 생각하게 된다. 사실 외부에서 보기에 그 사람은 대단하지 않다. 오히려 내가 대단한 사람임에도 그렇게 생각하지 못하게 되는 것이다.

둘째, 인간은 다른 사람들에게 수용받고 배척당하지 않으려는 욕구인 '인정에 대한 동기 approval motive'를 가지고 있다. 나에게 불리한 상황임에도, 그것을 거부했을 때 모든 사람이 나를 배척한다면 쉽게 거절하지 못한다. 가스라이팅하는 사람이 가장 많이 사용하는 전략이 바로 "누구나 다 이렇게 한다"라는 생각을 주입하는 것이다. 힘들어서 하지 않겠다고 하면 "남들도 다 하는데 왜 너만 안 하냐"라고 압박한다. 남들이 다 하기 때문에 나도 하게 되는 현상을 사회적 영향이라고 한다.

원래 사회적 영향은 어떤 집단에 속해 있을 때 자연스럽게 습득되는 것을 말한다. 그런데 어떻게 한 사람의 말이 마치 세상의 법처럼 작용할 수 있을까? 가스라이팅하는 사람은 피해자가 다른 사람들과 접촉하지 못하게 고립시킨다. 가스라이팅을 방해할 가능성이 있는 사람들과의 만남을 차단하고, 자신의 생각에 동조하는 사람들만 만나게 만든다. 가스라이팅을 위해서는 사회적 고립이 필수적이다. 이렇게 고립되다 보면 나중에는 그 사람이 없으면 안 될 것 같은 느낌을 받는다. 결국 그 사람을 떠나지 못하고 점점 더 의존한다.

셋째, 사람은 '정확성에 대한 욕구 accuracy motive', 즉 맞는 것은 믿고 틀린 것은 믿지 않으려는 욕구를 가지고 있다. 이는 자신이 틀렸다는 사실을 인정하고 싶지 않은 마음과 연결된다. 예를 들어, 어떤 사람이 괜찮다고 생각했는데, 그 사람이 일관되지 않은 행동을 보였다면 생각을 바꿔서 나쁜 사람이라고 판단하면 된다. 하지만 사람들은 그렇게 쉽게 생각을 바꾸지 않는다. 오히려 내가 처음에 맞았다는 생각을 유지하려고 애쓴다.

이렇게 하다 보니, 나중에 가스라이팅당했다는 사실을 서서히 깨닫더라도 이를 부정하게 된다. 가스라이팅에 사로잡혀 바보처럼 행동했다는 것을 인정하는 것은 너무나도 괴로운 일이다. 마치 보이스피싱을 당한 후, 그 과정에서 자신이 얼마나 속았는지를 깨닫는 것과 같은 괴로움이다. 한 번의 속임에도 삶이 무너질 정도로 괴로울 수 있는데, 몇 년 동안 속아 왔다는 사실을 알게 되면 그 고통은 이루 말할 수 없을 것이다. 이처럼 깨달음 이후에 찾아오는 마음의 고통 때문에 사람들은 종종 현실을 부정한다. 자신이 그동안 잘못된 믿음을 가졌다는 사실을 인정하는 것이 그만큼 힘들기 때문이다.

가스라이팅에서 벗어나는 법

누구나 가스라이터가 될 수 있다. 부모도, 남편이나 아내도, 직장 상사나 동료도 가스라이터가 될 수 있다. 가스라이팅에서 벗어나기 위해서는 새로운 시각을 열어 줄 사람이 필요하다. 사랑을 통해서 사람이 바뀌는 일은 영화 속 이야기만이 아니다. 현실에서도 충분히 일어난다. 가스라이팅에서 벗어나고자 하는 무의식적인 욕구가, 겉으로는 전혀 어울리지 않아 보이는 사람을 만나게끔 나를 이끌기도 한다.

좋다, 싫다에는 이유가 없어도 된다. 법에 어긋나는 일이 아니라면, 누군가에게 손해를 끼쳐서 보상해야 하는 일이 아니라면, 세상을 살아가면서 해도 된다. 우리 사회가 그렇게 허용된 것이다. 상대방이 옳건 그르건 상관이 없다.

스스로 무능력하다고 생각하는 사람이 있었다. 그리고 실제로 무능력하다. 아무것도 잘하는 것이 없다. 그런데 그 사람을 움직이기 위해서 옆에서 뭐가 되었건 계속 칭찬을 건넸다. 그 사람은 처음에는 그 말을 믿지 않았다. 그러나 나중에 그 말을 믿게 되었다. 자신도 꽤 괜찮은 사람이라는 생각을 하게 됐다. 보다 좋은 환경에서 자랐다면, 기회가 주어졌다면, 자신은 지금 같지 않았을 것이라고 생각하게 되었다. 본질적으로 그 사람의 무능력에는 변함이 없다. 자신이 괜찮은 사람이라는 것은 일종의 환상이다. 자신이 괜찮은 사람이라고 세뇌된 것이다. 그러나 이런 경우를 가스라이팅이라고 하지 않는다. 그 이유는 세뇌로 인해서 그 사람이 더 행복해졌기 때문이다. 가스라이팅이 나쁜 이유는 금전적이건, 육체적이건, 심리적이건 당하는 사람이 고통스럽기 때문이다.

가스라이팅은 고통을 가져온다. 가스라이터는 그 고통에 서사와 의미를 부여해서 고통을 고통이 아니라고 생각하게끔 한다. 나에게 고통을 주는 사람은 누가 되었건, 어떤 이유에서건 마음에서 거부해야 한다. 그러면 가스라이팅에 걸려들 리도 없으며, 가스라이팅에서 못 벗어날 이유도 없다. 누구로 인해서 100만 원 이상 손해 봤는데 앞으로 더 도와줘야 한다고 생각한다면 당신은 가스라이팅에 걸린 것이다. 누구로 인해서 주말을 온통 시달렸는데 앞으로 더 희생해야 한다고 생각한다면 당신은 가스라이팅에 걸린 것이다. 누군가의 눈치를 보느라 노심초사하고 괴로운데 이것이 다 내 잘못이라고 자책하면서 앞으로 더 잘해야겠다고 생각한다면 당신은 가스라이팅에 걸린 것이다.

가스라이팅을 인식한다고 당장 고통에서 벗어날 수 있는 것은 아니다. 가스라이팅에서 벗어나기 위해서는 가스라이터의 얘기와는 반대로 내가 정당하다고 반복적으로 확인해 줄 사람이 필요하다. 적어도 하루에 1시간은 방해받지 않고 사색할 수 있는 독립된 공간이 필요하다. 그러나 가스라이팅이라는 것을 깨달아야 나를 심리적으로 도와줄 사람과, 심리적으로 강해질 시간과, 심리적으로 편안한 장소를 찾게 된다. 그리고 찾다 보면 사람, 시간, 장소가 주어지게 마련이다. 불행의 원인이 되는 사람을 오히려 은인으로 여기고 있다면 당신은 가스라이팅에 걸린 것이다. 아는 것이 힘이다. 한 번 알게 되면 돌아올 수 없는 강을 건넌 것이다. 그 균열은 절대로 메워지지 않으며 가스라이터와 당신을 갈라놓고야 말 것이다.

화부터 내는 사람에 대처하는 법

자기 잘못은 생각하지 않고 화부터 내는 사람들이 있다. 예를 들어, 어떤 사람이 불법 주차를 했다고 하자. 그로 인해 다른 운전자가 차를 움직이지 못해 전화를 걸었지만 받지 않았다. 시간이 한참 지난 후에야 불법 주차한 사람이 나타났다. 기다리던 운전자는 왜 전화를 받지 않았느냐, 왜 이제야 왔느냐고 항의했다. 그러자 불법 주차한 사람은 오히려 왜 그런 식으로 말하냐며 트집 잡고 화내기 시작했다. 당황한 운전자가 어이없어 하자 이번에는 "왜 사람을 무시하느냐"라고 따지고 들었다.

이렇게 화부터 내는 사람은 자신이 저지른 잘못은 생각하지 않은 채, 상대방의 말이나 행동을 트집 잡아 자신의 잘못을 덮으려 한다. 문제의 초점을 다른 곳으로 돌리며 정작 자기 잘못은 언급하지 않는다. 일이 벌어진 과정에서도 자신에게 유리하고 상대방에게 불리한 부분만 골라 강조한다. 자신의 잘못을 반성하지 않으니 남의 작은 잘못이 유독 눈에 들어오고, 이를 통해 죄책감을 회피하는 것이다.

어떤 사람들은 불안과 초조함이 커지면 이유 없이 욕을 한다. 마음에 문제가 생기면 그 영향이 몸으로 나타나는 경우다. 어떤 이들은 가슴이 두근거리고 숨이 차며, 공황 발작을 겪기도 한다. 반면 일부는 불안하면 화가 나고, 심하게 화가 나면 가슴이 두근거리고 숨이 차며 가만히 있을 수 없는 상태가 된다. 이런 사람들은 이유 없이 욕을 퍼붓고 나중에 미안하다고 하지만 듣는 사람 입장에서는 견디기 힘든 일이다.

고객 센터에 전화해서 이유 없이 욕하고 끊는 사람들이 실제로 있다. 상담원에게 장난 전화를 거는 이유가 단지 재미를 위해서인 것처럼, 타인을 욕하는 이들 중 가장 잔인한 부류는 욕을 퍼부을 때 상대가 두려워하는 모습을 재미있어하는 사람들이다. 이들은 가학적 성향을 가지고 있으며, 강자에게는 약하고 약자에게는 강하다. 가만히 있으면 욕이 폭행으로 이어질 수 있으므로 강하게 대응하는 것도 한 방법이다. 그러나 상대가 정말 또라이라면 피하는 것이 최선이다.

폭력적인 사람의 심리와 대응법

어떤 사람들은 극단적인 소통 방법으로 폭력을 사용한다. 마치 '전쟁은 외교의 연장'이라는 말처럼, 이들은 상대방의 말을 멈추기 위해 먼저 화부터 내고 본다. 상대가 듣기 싫어하는 말을 하면 무조건 크게 소리부터 치거나 물건을 던지고 심지어 상대방을 때리기도 한다. 크게 소리를 지르면 상대방은 말을 멈추고, 물건을 던지거나 폭력을 가하면 말이 더 이상 이어지지 않는다.

하지만 폭력을 사용하면 점점 다른 해결 방법을 찾으려 하지 않게 된다. 폭력은 참을 필요도, 상대방의 말을 들을 필요도, 자신의 입장을 설명할 필요도 없다. 처벌만 없다면 폭력처럼 '편리한' 방법도 없다. 하지만 대부분의 사람은 폭력을 사용하지 않는다. 폭력은 처벌을 불러오고, 그 자체로 두려운 것이기 때문이다. 일부는 폭력 자체가 두려워서 피하고, 또 다른 이들은 남을 아프게 하면 자신의 마음도 상처 입기에 폭력을 사용하지 않는다.

폭력은 엄청난 두려움을 불러일으킨다. 폭력 앞에서 다른 모든 방식은 너무나 미약해 보이기 마련이다. 폭력으로 상대가 멈추면, 점차 폭력 외의 방법으로는 멈추기 어려워진다. 일단 폭력이 발생하고 나면 대화로 해결할 수 있는 여지가 사라진다. 폭력은 절대 대화로 멈춰지지 않는다. 가해자에게 필요한 것은 심리 상담이 아니라 그에 맞는 처벌이다.

누군가 폭력을 행사하면 그보다 더 강한 이가 개입해야 한다. 가해자보다 더 강한 이는 가족이 될 수도 있고, 경찰 같은 공권력이 될 수도 있다. 나는 약하지만 나보다 강한 이가 처벌할 것이라는 사실이 명확해질 때 그들은 폭력을 멈춘다.

그렇기 때문에 폭력을 감춰서는 안 된다. 누군가로부터 맞거나 발길질을 당하면 수치스럽다. 나의 수치를 감추고 싶은 것이 본능이다. 이럴 때 가장 필요한 이가 가족이다. 그러나 피해자는 가족이 마음 아파할까 봐 감추기도 한다. 경찰에 알리자니 보복이 두렵다. 가족에게 알리자니 부모 형제가 마음 아파할까 봐 걱정이 된다. 그럴 때는 친구나 동료에게라도 알려야 한다. 그런데 친구나 동료는 당장 나를 도와줄 수 있는 이가 아니다. 그러다 보니 굳이 감추고 싶은 치부를 알리고 싶지 않다. 실제로 그들이 과장해서 소문을 퍼뜨릴 수도 있다. 그러나 아무도 모르는 상태에서는 이 고난에서 벗어날 수 없다. 내가 잘못한 것이 아니라는 사실을 계속 확인받아야 한다. 위로받고 용기를 얻어야 한다. 그러다 보면 나의 마음이 강해진다. 그러다 어느 순간 나는 가족이 되었건, 경찰이 되었건 나를 실제로 도와줄 수 있는 곳에 알리게 된다.

폭력을 선택하면 관계는 죽는다

그렇다면 가해자에게는 폭력이 유리하기만 할까? 그렇지 않다. 우선 언젠가는 처벌을 피할 수 없다. 가해자는 자신이 옳아서 피해자가 참는 것으로 착각한다. 전혀 모르는 남에게 폭력을 행사하면 누구도 참지 않는다. 법의 처벌을 받게 된다. 반복되는 폭력을 참는 이는 보통 약자다. 그러나 지금의 약자가 앞으로도 영원히 약자인 것은 아니다. 어느 집단에 속해 있을 때는 그 안에서 강자와 약자가 있다. 그러나 피해자가 그 집단을 떠나면 더 이상 약자가 아니다. 피해자가 법적으로 문제를 제기하면 그때부터 가해자는 약자가 된다. 폭력을 반복적으로 행사하는 이는 결국 감옥에 갇히고 인생이 비참해진다.

폭력을 행사하는 이는 미움을 받는다. 가해자는 상대방이 자신을 두려워한다고 생각한다. 상대방이 자신을 얼마나 증오하는지 모른다. 가해자는 자신의 폭력을 별거 아닌 것으로 합리화한다. 남을 때리는 이는 적어도 죽이지는 않는다고 합리화한다. 남을 움켜쥐어서 못 움직이게 하거나 밀치는 이는 적어도 자신은 때리지는 않는다고 합리화한다. 물건을 집어 던지는 이는 적어도 몸에 손을 대지는 않는다고 합리화한다. 욕하면서 소리를 지르는 이는 적어도 물건을 던지지는 않는다고 합리화한다.

그들도 남들이 자신을 싫어한다는 것을 안다. 그러나 얼마나 자신을 증오하는지는 인식하지 못한다. 아무도 그의 주변에 남지 않는다. 결국 처절하게 외롭게 살다 죽게 된다.

그런데 신체적 폭력이 되었건, 언어적 폭력이 되었건, 정서적 폭력이 되었건 자신이 가해하고는 피해자가 자신을 사랑해주기를 바라는 경우도 있다. 예를 들어서 부모 자식 사이가 그렇다. 부모는 옛날에 한 번 그랬다고 축소해서 생각한다. 그러나 자식을 그것을 평생 잊지 않는다. 자식이 성인이 된 후 부모가 아무리 빌어도 소용이 없다.

상대를 제압하는 수단으로 한번이라도 폭력을 선택하면, 상대방이 내 뜻대로 되지 않을 때 가해자는 상대방을 때린다. 가해자는 상대를 멈추기 위해서는 때릴 수밖에 없었다고 핑계를 댄다. 심지어 피해자가 자신을 때리게끔 만들었다고 꾸며댄다. 그러나 사실 가해자는 멈추지 못하는 것이 아니라 멈추지 않는 것이다. 이렇게 되면 가해자와 피해자의 대화는 결국 폭력으로 끝나는 악순환이 반복된다. 가해자는 자신의 폭력을 멈추지 못한다. 결국 법의 처벌을 받건, 고독사를 하건, 폭력 가해자는 그에 상응하는 대가를 치른다. 따라서 가해자도 지금 당장 어떻게든 폭력을 멈춰야 한다. 자기 의지로 멈출 수 있다는 생각을 버려야 한다. 가해자 역시 누군가에게 자신의 행위를 알리고 외부의 도움과 개입을 받아야 한다. 그러지 않고는 절대로 멈추지 않고 삶은 비극으로 끝난다.

화부터 내는 사람에 대처하는 법

이렇게 무작정 화내는 사람을 어떻게 대해야 할까? 누군가 화가 나 있는 상황에서는 상대방이 스스로 화를 풀 때까지 기다리는 것이 필요하다. 그 전엔 아무리 내가 아니라고 설명해도 변명으로 들릴 뿐이다. 화가 난 사람에게는 그럴 수밖에 없었던 이유를 이야기해도 핑계로 여겨지고, 진실을 말해도 거짓으로 들린다. 어떤 의도로 말하든 상관없이 말이 왜곡되기 쉽다. 어떤 말도 도움되지 않을 때는 차라리 침묵이 낫다. 물론 침묵한다고 또 비난받을 수도 있다. 하지만 침묵으로 받는 비난은, 적어도 다른 말로 더 큰 비난을 불러일으키지 않게 만든다. 억울하더라도 일단 차분하게 상대의 말을 들어 주는 것이 좋다. 내가 흥분하면 상대도 그만큼 흥분하고, 상대가 흥분하면 나도 덩달아 흥분하는 악순환을 피하는 것이 중요하다.

상대방의 화가 오래 지속되는 것 같다면, 화가 가라앉을 때까지 일정 기간 거리를 두는 것도 방법이다. 물론 지금 피한다고 영원히 피할 수는 없을 것이다. 언젠가 마주치면 또다시 화낼 수도 있다. 하지만 만나도 화내고, 피해도 화낸다면 피하는 것이 나와 상대방을 모두 보호하는 길이다. 오해를 풀기 위해 SNS로 장문의 메시지를 보내는 경우도 적지 않다. 그러나 상대방이 너무 화난 상태라면 장문의 메시지는 오히려 상황을 악화시킬 수 있다. 상대방이 나를 비난하면 거기에 대응하고 싶은 것이 우리의 본성이다. 하지만 반대로 상대방이 장문의 문자를 보냈을 때는 나라도 자중하는 것이 필요하다. 상대방의 메시지에 조목조목 대응하면, 상대방은 화가 나서 더 긴 답장을 보낼 가능성이 크다. 그러다 보면 서로 비난하다 욕설까지 오가는 상황이 된다. 상대방의 흥분이 가라앉을 때까지 나라도 무대응으로 기다리는 것이 필요하다.

　화가 난 상대방과 대화할 때는 항상 앉아서 하는 것이 바람직하다. 앉아서 이야기하면 자연스럽게 어느 정도 거리가 유지된다. 서서 대화하다 보면 몸을 잡는 등의 신체적 접촉으로 이어질 수 있다. 상대방이 너무 화가 나 있을 때는 그를 진정시키려는 목적으로 몸에 손을 대더라도 그것이 오히려 폭력적인 반응을 유발할 수 있다. 상대방이 갑작스럽게 행동을 취해도 피할 수 있는 거리를 유지하고, 상대방이 지나치게 흥분하면 자리를 뜨는 것이 좋다.

감정을 조절하지 못하는 충동적인 사람을 만날 때는 사람들이 많은 공공장소에서 만나는 것이 좋다. 나의 집이나 상대방의 집 같은 폐쇄된 공간은 바람직하지 않으며, 차를 타는 것도 위험할 수 있다. 만약 어쩔 수 없이 방에서 만나야 하는 상황이라면 반드시 문 가까이에 자리를 잡아야 한다. 그리고 위험한 상대를 어쩔 수 없이 만나야 할 때는 바지 주머니가 있는 편안한 옷을 입고, 휴대폰이나 자동차 열쇠는 주머니에 넣어 두는 것이 좋다. 이렇게 해야 긴급 상황이 발생해도 빠르게 대처할 수 있다.

잘못을 인정하지 않는 사람을 대하는 법

잘못을 저지르면 사과하는 것이 옳지만, 실제로는 사과하지 않는 사람들이 많다. 때때로 잘못한 사람이 오히려 적반하장으로 나와서 내가 문제인 것으로 오해받기도 한다. 그들은 왜 사과하지 않는 것일까? 왜 자신의 잘못을 인정하지 않는 걸까?

    드물지만 잘못을 사과하지 않는 것이 아니라 사과하지 못하는 경우가 있다. 첫 번째는 진짜 기억을 못 하는 경우다. 어떤 행동을 해야 한다고 알려줬지만 그렇게 하지 않아서 문제가 발생했을 때, 상대방이 "그런 얘기를 들은 적이 없다"라고 주장할 수 있다. ADHD로 집중력이 떨어지면 실제로 이러한 일이 발생한다. 뇌에는 작업 기억이라는 기능이 있어 보고 듣고 느끼는 모든 것을 수초 동안 저장한다. 그러나 집중력이 없거나 떨어지면 수많은 정보 중에서 하나를 무작위로 기억한다. ADHD를 가진 사람은 불필요한 정보를 기억하고 중요한 것을 놓치는 경우가 많다.

두 번째는 겁이 나서 사과를 못 하는 경우다. 부끄러움을 많이 타는 사람은 대중 앞에서 말하거나 발표할 때 숨이 차고 가슴이 두근거리며 어지러움을 느낀다. 많은 사람들과 함께 있는 상황이나 교실에서 시험을 볼 때면 떨려서 제대로 실력을 발휘하지 못하는 경우도 많다. 이렇게 사회불안이 심한 사람은 잘못을 저지르면 두려움과 죄책감으로 공황 상태에 빠진다. 사과하고 싶어도 얼굴이 빨개지고 가슴이 두근거리며 입이 얼어붙어 사과하지 못한다. 이로 인해 일부러 사과하지 않는 것으로 오해받기도 한다. 특히 ADHD와 사회불안이 동시에 있는 사람은 여러 실수를 하지만 사과하는 것이 매우 힘들다. 이들은 잘못을 사과하지 않더라도 예외적인 이해가 필요하다. 그들은 자신의 감정을 다스리기 어려운 상황에서 상처를 주는 행동을 하게 되고, 사과의 필요성을 느끼면서도 그에 대한 두려움 때문에 사과하지 못하는 경우가 많기 때문이다.

그러나 이런 경우를 제외하면 사과하지 않는 대부분의 이유는 자신이 잘못한 것이 없다고 생각하기 때문이다. 사고가 일어났을 때 다친 피해자는 자신이 받은 피해가 중요하다고 여긴다. 그 사고가 일부러 발생한 것이든 실수로 발생한 것이든 일단 사과받아야 한다고 생각한다. 그러나 상대방의 입장은 다르다. 결과적으로 피해를 주기는 했지만, 일부러 한 일이 아니므로 사과할 필요가 없다고 생각하는 것이다. 그들은 단지 운이 나빠서 생긴 일이라고 주장하며, 자신도 힘들어 죽을 지경이라 말하기도 한다.

사과하기 싫은 심리

다른 사람을 때리거나 물건을 훔치는 것은 명백한 잘못이다. 누군가 목격하거나 증거 영상이 있다면, 가해자가 그러지 않았다고 주장해도 소용이 없다. 폭행이나 절도는 경찰에 고발되며 법에 따라 처벌받는다. 사과받지 못한 상황은 속상할 수 있지만 가해자가 법적 처벌을 받으면 상응하는 대가를 치른 것으로 볼 수 있다. 상습적인 범죄자가 아닌 이상 이렇게 명확한 잘못에 자신이 한 적이 없다고 부정하는 사람은 그리 많지 않다.

문제가 되는 것은 법이나 규정으로 정해지지 않은 부분이다. 예를 들어, 상대방이 나를 무시했다고 느꼈을 때 나는 그에게 사과하라고 요구하지만, 상대방은 자신이 그런 적 없다고 주장할 수도 있다. 오히려 내가 예민하다거나 자격지심이 있다고 말할 수도 있다. 상대방이 나를 무시하려고 일부러 그런 말을 했는지는 그 사람만이 알 수 있다. 그러나 나는 상대방이 모르고 했더라도 내가 상처를 받았으니 사과하는 것이 당연하다고 여긴다. 마치 앞을 보지 못하고 실수로 누군가와 부딪친 사람이 "미안해요"라고 사과하는 것과 같다. 하지만 마음의 상처는 눈에 보이지 않는다. 상대방이 "그런 의도로 얘기한 건 아니지만, 기분 나빴다면 사과할게"라고 말하면 오히려 기분만 안 좋아지는 경우가 많다.

  때때로 나도 잘못했지만 상대방도 잘못했다고 생각할 때가 있다. 그러니 먼저 사과할 필요가 없다고 느끼고, 상대방이 말하기 전까지는 나도 사과하지 않겠다고 결심한다. 사과하기 싫은 마음에 상대방이 실제보다 더 잘못했다고 생각하기도 한다. 비록 이번에 내 잘못이 더 크더라도 상대방이 과거에 더 큰 잘못을 저지른 적이 있기 때문에 사과할 필요가 없다고 여긴다. 과거에 상대방이 잘못했을 때 제대로 사과하지 않았다면, 이번에 나도 상대방에게 사과할 필요가 없다고 생각한다. 너 때문에 내가 이렇게 되었다고 비난하기도 한다. 그들은 자신이 그렇게 행동할 수밖에 없도록 상대방이 몰아세웠다며, 하라는 대로 하지 않은 상대가 문제라고 말한다. 그들은 자기 나름대로 참을 만큼 참았다고 주장한다. 그리고 결국 나를 화나게 만든 네가 문제라고 결론짓는다.

책임을 회피하는 심리

오래전 일이기 때문에 사과하지 않기도 한다. 하지만 피해자는 시간이 흘러도 그 일이 잊히지 않는다. 그 상처는 평생 트라우마로 남는다. 피해자는 지금이라도 사과를 받아야겠다고 생각하는 반면, 가해자는 이렇게 세월이 흘렀는데도 잊지 못하는 것을 이해할 수 없다. 때로는 잘못을 저질렀던 과거의 나와 현재의 내가 다르기 때문에 사과할 필요가 없다고 생각하기도 한다.

또는 잘못이 있기는 하지만 용서를 빌어야 할 정도는 아니라는 생각에 형식적으로 사과하는 경우도 있다. 그러나 나는 그것을 진정한 사과로 인정할 수 없다. 알아차리지 못할 정도로 스쳐 지나가듯 "미안해"라고 하고, 웃으면서 한마디 던져 흐지부지 넘어간다. 사과는 잠깐이고 자신이 왜 그렇게 행동할 수밖에 없었는지에 대한 변명이 끝없이 이어진다. 배보다 배꼽이 더 크다. 본인은 나름 사과라고 생각하지만 받는 입장에서는 제대로 된 사과가 아니다. 결국 나중에는 사과 여부를 놓고 다투는 상황에 이른다.

단지 귀찮아서 사과하지 않기도 한다. 사과하면 자신이 잘못한 이유와 그 과정을 해명해야 하고, 지금 얼마나 미안한지를 반복적으로 표현해야 한다. 또한 앞으로 어떻게 할 것인지 설명하고 다시는 그러지 않겠다고 약속해야 한다. 하지만 사과하지 않으면 해명할 필요도, 설명할 필요도, 다짐할 필요도, 약속할 필요도 없다. 잘못을 저지른 입장에서는 사과하지 않고 잘못한 일 자체를 언급하지 않는 것이 가장 편리하다.

잘못을 인정하고 싶지 않은 심리

죄를 인정하기 싫어서 사과하지 않는 경우도 있다. 사과는 잘못을 인정하는 것이기에 죄책감과 수치심을 느낀다. 이를 회피하려면 사과하지 말아야 한다. 사과한다는 건 잘못했다는 증거를 남기는 것이고, 그 사실이 주변에 알려지면 돌이킬 수 없는 상황이 될 수 있다. 그래서 그들은 사과하지 않고 미루면서 사건이 흐지부지되기를 바라며, 피해자의 기억이 희미해지기를 기다린다. 사과하지 않고 버티면 상대방이 잊어버릴 것이라고 여긴다.

피해자가 자신의 잘못을 잊으면 결과적으로 피해가 소멸한다고 생각하는 것이다. 그래서 자신이 사과할 이유가 없다고 주장한다. 시간이 지난 후 잘못을 따지면 "나는 네가 잊어버렸을 줄 알았어" 또는 "네가 지금까지도 그 일을 생각하고 있다는 건 상상도 못 했다"라고 말한다. 때로는 기억이 나지 않는다고 잡아떼기도 한다. 결정적인 증거가 없는 한 기억이 안 난다고 주장하며, 상대방이 무슨 말을 해도 아니라고 부정하는 경우가 많다.

그래서 사과하느니 차라리 처벌받겠다는 경우도 있다. 처벌이 덜해지지 않는다면 굳이 사과하는 굴욕을 감수할 필요가 없다는 것이다. 사과하지 않음으로써 처벌받은 후에 억울하다고 말할 수 있는 여지를 남겨 두려는 생각이다. 죄를 시인하는 순간 억울하게 벌을 받았다고 주장할 명분마저 사라진다.

어떤 이들은 자신에게 무죄 추정의 원칙을 적용한다. 즉 벌을 받기 전까지는 자신이 잘못하지 않았다고 주장한다. 때로는 자신이 잘못을 저질렀지만 사과할 정도는 아니라고 여긴다. 자신도 잘못했지만 남도 잘못했다며 이를 정당화하려 한다. 이런 사람들은 처벌에 준하는 불이익을 받지 않는 한 사과하지 않을 것이다. 피해자가 참지 못하고 법적인 조치를 취하기 전까지 그러한 태도를 고수한다. 자신이 불리한 상황이 되는 그때서야 사과한다. 피해자가 생각보다 강하게 나가고, 주변 사람들 모두 피해자의 편을 들기 시작하면 그제야 자신이 너무했다는 것을 깨닫고 사과한다.

사과를 받지도 말고, 용서하지도 않기

잘못을 저지른 이는 어떻게든 빨리 수치심에서 벗어나고 싶어 한다. 그래서 그들에게는 망각이 필요하다. 그러나 사과하려면 자신의 잘못을 떠올려야 하고, 진정한 사과를 하려면 자신이 무엇을 잘못했는지 정직하게 되새겨야 한다. 이 과정은 괴롭기만 하다. 그래서 괴로움을 피하기 위해 사과하지 않고 마음속에서 없던 일로 치부하며 망각하려 한다. 게다가 나중에 누군가 이 일을 다시 언급하는 것이 싫기 때문에 없던 일로 하고 싶어 한다. 하지만 잘못을 인정하고 사과하면 그 일이 결코 없던 일이 될 수 없다. 지금 잘못을 인정하면 오랜 세월이 지난 후에도 여전히 잘못으로 남게 된다. 일단 잘못을 인정하지 않으면 시간이 흐른 뒤 사실 관계에 대한 기억이 희미해질 때, 자신은 억울했다고 거짓말을 이어 갈 수 있다. 그래서 그들은 사과하지 않는다.

평소에 절대로 사과하지 않던 이들이 사과할 때가 있다. 그러나 이들이 사과하는 것은 용서받기 위해서가 아니다. 사과하지 않아 발생하는 손해가 너무 크기 때문에 어쩔 수 없이 하는 것이다. 즉, 이들은 자신에게 이익이 될 때만 사과한다. 처벌을 줄일 수 있을 때만 사과한다. 하지만 설령 처벌이 줄어들어도 마음속에서는 여전히 처벌이 너무 과하다고 생각한다. 그러니 사과받지도 말고, 용서하지도 말자.

때로는 복수가
마음을 치료하는 법

범죄 피해자들의 상황을 볼 때마다 가슴이 아프다. 사랑하는 가족이 흉악한 범죄자에게 살해당했는데, 범인은 초범이라는 이유만으로 몇 년의 짧은 형량을 받는다. 피해자 입장에서는 사형조차도 억울하게 느껴질 상황이다. 그러나 범인은 몇 년 뒤 세상에 다시 나와 거리를 활보할 것이다. 범인이 사형받지 않는 한 프로이트가 와도, 융이 와도, 아들러가 와도 유족의 마음은 쉽게 치유되지 않을 것이다. 억울함 속에 남겨진 피해자에게는 복수야말로 가장 강력한 정신 치료다.

대부분의 사람들은 복수를 원하지만 실행에 옮기지 못한다. 처벌에 대한 두려움 때문이다. 복수로 인한 보복이 두렵고, 법적 처벌이 무겁게 다가온다. 복수를 하는 순간에는 속이 후련할지 몰라도, 그 후폭풍은 감당하기 어려울 만큼 거세다. 만약 누구에게도 들키지 않고 아무런 처벌도 받지 않는다면 대부분 복수를 택할 것이다.

우리 사회는 복수를 나쁜 것, 용서를 훌륭한 것으로 여긴다. 개인의 사적 복수가 이어질 경우 사회 질서가 무너질 수 있기에 복수를 자제하라는 사회적 메시지가 필요하고, 이런 메시지 덕분에 사회가 안정적으로 유지되는 것도 사실이다. 그러나 '복수는 나쁘고 용서는 옳다'는 메시지가 넘치다 보니, 억울한 피해자는 복수를 꿈꿀 권리조차 박탈당한다. 그럴수록 억울한 사람은 더 큰 고통을 겪는다. 원수에게 복수를 꿈꿀 수도 없다면, 그 분노는 자신에게로 돌아와 자기 파괴로 이어질 수밖에 없다.

불행의 반복이 만드는 복수

복수를 계획하는 동안에는 적어도 스스로를 해치지 않을 것이다. 복수가 오히려 살아갈 힘이 되어 주는 셈이다. 그렇다고 해서 영화나 드라마에서 그려지는 극적인 복수가 현실에 그대로 존재하는 것은 아니다. 실제 삶에서 몇 년에 걸쳐 치밀하게 이루어지는 개인적 복수는 거의 드물다. 만약 그런 복수가 있다 하더라도 대개 개인이 아닌 조직으로 이루어지는 경우가 많다. 조직이 복수를 결정하면 그것은 명령이 된다. 복수가 조직 차원에서 이루어질 때는 여러 사람이 참여하고, 나중에 하고 싶지 않다고 빠질 수도 없다. 또한 조직이 복수를 실행할 때는 결국 어느 정도 실질적인 이익이 관여하게 마련이다.

개인이 복수를 결심할 때는 대개 고통스러운 일이 발생한 즉시 충동적으로 이루어지는 경우가 많다. 복수는 본질적으로 충동이기에, 우리 몸의 스트레스 반응이 그렇게 오래 지속되기 어렵다. 따라서 "오래전부터 복수를 계획해 왔다"라는 이야기는 과거의 악행이 현재까지도 끊임없이 이어졌다는 뜻일 때가 많다. 예를 들어, 10년 전부터 지금까지 매일같이 악행에 시달렸다면 그동안 매일 복수를 생각했을 것이다. 즉 10년 전의 일을 잊지 못해 복수하는 것이 아니라, 10년 전부터 지금까지 이어진 고통에 대해 복수하려는 것이다. 그동안은 참아 왔지만 이제는 더 이상 견딜 수 없어 행동에 나선 것일 뿐인데, 당사자는 이를 "10년 전 일에 대한 복수"라고 표현한다.

오래전 일을 잊지 못하는 이유가 기억이 끔찍하게 남아 있어서일 수도 있다. 하지만 또 다른 이유는 현실이 불행하기 때문이다. 불행한 현실은 자연스럽게 원인을 찾도록 만든다. 그러다 보면 과거에 내가 당했던 악행이 지금의 불행과 맞물려 보이기 시작한다. 물론 과거로 돌아가 모든 것을 되돌릴 수 없다는 사실을 논리적으로는 이해한다. 그러나 무의식에서는 자꾸 그 시점으로 돌아가 원상 복구하고 싶어 한다. 행복할 때는 과거의 고통이 떠오르지 않는다. 그러나 불행해지면 과거의 고통이 다시 고개를 든다. 비록 "10년 전 일에 대해 복수한다"라고 말할 수는 있어도, 그것이 10년 내내 하루도 빠짐없이 그 일로 고통받아 왔다는 뜻은 아니다. 지금이 행복하다면, 그 행복을 희생하면서까지 복수를 계획하지 않는다. 현실이 불행할 때 비로소 복수가 떠오른다. 불행이 반복되면, 불행을 겪을 때마다 복수의 생각이 다시 고개를 든다.

결국 현재가 과거를 지배한다. 오랜 시간 잊고 잘 지내던 사람도 우울증에 걸리면 고통스러운 과거가 자꾸 떠오른다. 마치 모든 불행이 그 일에서 시작된 것처럼 느껴지고 내 인생도 끝난 것만 같다. 밤에도 잠을 이루지 못한다. 가해자의 얼굴이 떠올라 머릿속에서 사라지지 않는다. 그를 죽이지 않으면 내가 죽을 것 같은 절박함이 찾아오고, 그러다 끔찍한 일이 벌어지기도 한다.

복수에 관해 조심해야 할 말들

복수하고 싶다는 사람에게 하지 말아야 할 말이지만, 사람들이 자주 하는 소리가 있다.

"지는 것이 이기는 것"이라는 말을 흔히들 한다. 하지만 어떻게 지는 것이 이기는 것일 수 있을까? 승패는 내가 혼자 결정하는 것이 아니다. 상대가 졌다고 느껴야 내가 이긴 것인데, 상대는 내가 졌다고 여기는 상황에서 나 혼자만 이겼다고 생각하기는 어렵다. 분노에 차 있는 사람에게는 이런 말이 오히려 상처가 될 수 있기에 하지 않는 것이 낫다.

"복수는 너의 마음을 갉아먹는다"라는 말도 있다. 그러나 이는 선택의 문제다. 굴욕 또한 마음을 갉아먹는다. 복수보다 굴욕이 더 깊이 상처를 남길 때도 많다. 절망도 마음을 갉아먹는다. 복수보다 절망이 마음을 더 무겁게 짓누르기 쉽다. 수치심 또한 마음을 갉아먹는다. 복수보다 수치가 더 큰 상처로 남을 수 있다. 피해자의 입장에서는 자살보다는 복수가 더 낫다.

"내가 잘 사는 것이 최고의 복수다"라고 한다. 하지만 내가 잘 사는 모습을 그 나쁜 사람이 어떻게 받아들일지는 알 수 없는 일이다. 내가 나름 잘 살고 있다 생각하더라도 그 사람의 눈에는 여전히 초라하게 보일 수도 있다. 무엇보다 지금은 너무 괴로워서 잘 살 수 없기에 복수를 생각하는 것이다. 잘 살지 못하고 고통스러운 상황이니 복수가 자꾸 떠오른다. 게다가 미래에 내가 정말 잘 살 수 있을지도 확신할 수 없다. 지금 내가 악행으로 받은 고통은 100퍼센트 확실한 현실이다. 확실한 고통을 불확실한 미래의 안녕으로 대체하라는 것은 어불성설이다. 피해자가 먼저 이 말을 꺼낸다면 긍정할 수 있지만, 타인이 먼저 건네는 것은 피하는 것이 좋다. 잘 살지 못하고 있는 피해자에게는 오히려 더 큰 분노를 일으킬 수 있기 때문이다.

"맞은 놈은 펴고 자고, 때린 놈은 오그리고 잔다"라는 속담이 있지만 현실은 대체로 그렇지 않다. 때린 사람이 공권력에 의해 더 큰 처벌을 받지 않는 이상 대개 때린 사람은 잘 잔다. 반면 맞은 사람은 맞은 자리가 아파 잠을 이루기 어렵다. 때린 사람은 감정을 풀었기에 마음이 개운하지만, 맞은 사람의 고통은 그때부터 시작된다. 만약 때린 사람이 법적 처벌을 받고 그 고통이 맞은 사람의 고통을 넘어선다면, 맞은 사람이 더 편히 잠들 수 있을지도 모른다. 그러나 그것은 맞은 사람이 빨리 잊었기 때문이 아니라 법이 대신 더 큰 복수를 해 주었기 때문이다. 결국 때린 사람이 잠을 못 자는 이유도 맞은 사람에 대한 미안함 때문이 아니라 국가가 피해자를 대신해서 행하는 복수의 처벌이 두렵기 때문이다.

복수가 치료될 수 있는 방법

모든 복수가 다 정신 치료가 되는 것은 아니다. 복수를 결심했다면 그 복수는 완벽해야 한다. 나에게는 전혀 피해가 없으면서 가해자에게만 타격을 주어야 한다. 흔히 복수를 계획할 때 상대만 무너뜨리면 내 삶은 어찌 되든 상관없다고 생각하기 쉽다. 하지만 복수를 끝내도 인생은 다시 시작된다. 만약 복수로 내 삶이 망가진다면, 그 복수는 아무런 의미가 없다. 완벽한 복수의 조건은 명확하다. 우선 상대방에게 실질적인 타격이 가해져야 하고, 상대는 내가 복수했다는 사실을 알아야 하며, 마지막으로 내게 어떤 피해도 없어야 한다.

그러나 완벽한 복수는 현실적으로 쉽지 않기에 준비하는 동안 오히려 괴로웠던 일들이 점차 잊히기 마련이다. 시간이 흐르면 사건은 의미를 잃고 복수의 필요성마저 사라진다. 드라마나 영화, 소설에서는 10년, 20년, 심지어 30년 동안 복수를 준비하는 이들이 등장하지만, 실제로 주변에 그런 사람이 있는지 떠올려 보면 아무도 없다. 그건 복수에 대한 심리적 욕구를 반영해 만든 극적인 이야기들일 뿐이다. 현실의 사람은 행복한 순간을 찾으면 자연스럽게 과거의 불행을 잊는다.

또한 복수가 불가능한 사람은 복수로 정신 치료가 되지 않는다. 만약 누군가 피해자를 대신해 복수한다면, 오히려 피해자는 더 큰 고통을 느낀다. 세상에는 복수가 불가능한 사람도 존재한다. 겁이 많거나 타인의 입장을 잘 이해하는 사람은 아무리 나쁜 사람이라도 불쌍히 여긴다. 상대방에게도 그럴 만한 사정이 있었을 거라고 생각하는 것이다. 주변 사람들은 그런 피해자에게 "용서하지 말라"거나 "가만히 있지 말라"라고 조언하지만, 당사자는 복수를 생각하는 것만으로도 괴로워 견딜 수 없다. 이런 사람에게는 오히려 용서가 불행을 잊는 최선의 방법이다.

용서도 일종의 복수로 볼 수 있다. 용서는 스스로의 마음이 상하지 않도록, 그리고 도덕적 우월감을 유지하도록 하는 적극적인 행위이기도 하다. 결국 어떤 이에게는 복수가 최고의 심리 치료이고, 다른 이에게는 용서가 최고의 심리 치료다. 내가 처한 상황과 나의 성향에 따라, 어떤 사람은 복수를 꿈꾸며 회복하고, 어떤 사람은 용서를 통해 마음의 평안을 찾는다.

마지막으로 자살은 결코 복수가 될 수 없다. 자신의 죽음으로 가해자가 고통받을 것이라 생각하며 자살을 결심하는 것은 복수와는 거리가 멀다. 내가 죽으면 가해자는 오히려 나를 더 빨리 잊을 가능성이 크다. 심지어 내가 죽었다는 소식이 가해자에게 전달될지조차 불확실하다. 가해자는 내가 죽은 사실을 알고도 "천벌받은 것"이라 여기며 기뻐할 수도 있다. 또는 내가 죽었기 때문에 오히려 자신이 피해를 입었다며 거짓말을 퍼뜨릴지도 모른다. 주변 사람들은 가해자의 말을 진실로 믿고, 이미 사라진 나를 비난할 수도 있다.

복수를 원한다면 살아남아 그를 계속 괴롭혀야 한다. 상대가 나를 잊을 만하면 다시금 상기시키고, 잊을 만하면 다시 괴롭히는 것이다. 그렇게 평생 지긋지긋하게 상대를 괴롭혀야 한다. 자살은 복수가 아니다.

 별거 아닌 일이 중요하다

부부 상담을 하다 보면 "별거 아닌 일로 싸운다"라는 말을 자주 듣는다. 하지만 세상에 정말 별거 아닌 일은 없다. 만약 그 일로 싸움이 일어났다면, 그 일은 분명히 큰 의미를 지닌다. 엄청난 일을 별거 아니라고 여기는 한 싸움은 끝나지 않을 것이다. 보기에 큰일일지라도 감정을 침착하게 다스리고 해결한다면 별거 아닌 일이 된다. 반대로 아무리 사소한 일이라도 감정적으로 슬프고, 억울하고, 화가 난다면 그 일은 엄청난 일이 된다.

호의와 배려가 별거 아닌 일이 될 때

누군가 요청해서가 아니라, 요청하지 않았음에도 먼저 도우면 이를 배려나 호의라고 부른다. 하지만 이를 고스란히 받아먹고도 모른 척하는 사람들이 있다. 그들은 자신이 도움을 요청한 적 없고, 상대가 스스로 좋아서 한 일이라고 생각한다. 그리고 나중에 대가를 바라면, 애초에 순수한 배려와 호의가 아니었다고 한다.

사람은 누구나 자신이 도움을 줄 때는 적지 않게 주었다고 생각한다. 하지만 막상 도움받을 때는 입장이 달라진다. 예상보다 많은 금액을 받거나, 특별한 식사 대접을 받거나, 값비싼 선물을 받지 않는 한, 큰 도움을 받았다고 느끼지 않는다. 시간과 노력을 들여 누군가를 도와주더라도, 전 재산을 잃을 위기에서 구해 주거나, 목숨을 살려 주거나, 지독한 수치심에서 벗어나게 해 준 것이 아니라면, 도움받은 사람은 그 사실을 쉽게 잊어버리기 마련이다.

물론 한쪽에서는 배려와 호의라고 생각하지만 상대방 입장에서는 오히려 귀찮고 불편할 때도 있다. 예를 들어, 누군가를 생각해서 밑반찬을 만들어 준다. 하지만 상대방은 그걸 먹고 싶지 않다. 오히려 냉장고 자리만 차지할 뿐이다. 다만 내 기분을 상하게 할까 봐 말하지 못했을 뿐이다. 안 좋은 일을 겪은 사람에게 위로차 안부 전화를 한다. 하지만 상대방은 그 소식이 나에게까지 전해진 것이 불쾌해서 당장 전화를 끊고 싶다. 그럼에도 예의상 기분을 숨기고 통화한다. 내가 생각하기엔 배려와 호의지만 상대방 입장에서는 눈치 없는 행동이자 주책일 수 있다.

대체로 나는 큰 도움을 주었다고 생각하지만 상대방은 그저 작은 도움을 받았다고 여긴다. 내가 도움되었다고 믿을 때 상대방은 별로 도움이 안 되었다고 느낀다. 나는 상대방을 생각해서 도와주겠다고 하지만 그에게는 불필요한 도움일 수 있어 거절받기도 한다. 그런데도 계속해서 강요하면 어쩔 수 없이 하자는 대로 따르기는 하지만 속으로는 짜증이 난다. 결국 다시는 그 사람을 보고 싶지 않게 된다.

내가 보기엔 별거 아닌 일을 남이 도와줬을 때 그 도움을 별거 아닌 것으로 여기기 쉽다. 하지만 도움 준 사람 입장에서는 결코 별거 아닌 일이 아니다. 도움 준 사람은 시간을 들여 노력했는데, 내가 그것을 당연하게 여기고 고마워하지 않으면 결국 갈등이 생긴다. 다음부터는 나를 위해 별거 아닌 일을 해 주고 싶지 않다는 생각이 들고, 이것이 싸움의 원인이 된다. 싸움을 멈추기 위해서는 나부터 그 일을 별거 아닌 것으로 여기지 않아야 한다. 작은 일에도 큰 고마움을 표현해야만 한다. 그렇지 않으면, 애초에 '별거 아닌 일'이 벌어지는 상황을 없애야 한다. 설거지 문제로 싸우지 않으려면 식기세척기를 설치하고, 분리수거 문제로 다투지 않으려면 분리수거만 담당하는 도우미를 부르면 된다.

'별거 아닌 일' 속에 숨은 진심

사소한 일로 싸우는 이유는 그 일 자체가 아니라 안에 담긴 진심 때문이다. 겉으로는 나를 아끼고 사랑한다지만 실제로 나를 위해 하는 것이 아무것도 없다면, 그 사람은 나를 진정으로 사랑하는 것이 아니다. 누군가를 진심으로 아끼고 사랑한다면 작은 것 하나라도 더 해 주고 싶어지는 법이다. 그 사람을 편하게 해 주고, 행복하게 해 주고 싶다는 마음이 자연스럽게 따라온다. 만약 본의 아니게 그 사람을 힘들게 했다면 미안해서 사과하고 용서를 빈다. 나를 위해 사소한 일조차 하지 않는 사람은 어쩌면 나를 사랑하지 않는 것일 지도 모른다.

상대방은 "별것도 아닌 일이니까 네가 해도 될 것 같았다"라고 말하지만, 별것 아닌 일도 하지 않는 사람이 나를 위해 큰일을 해 줄 리 없다. "별것도 아닌 일로 화를 낸다"라고 말하는 사람일수록 나중에 큰일이 닥쳤을 때도 자신만 생각하며 이기적으로 행동한다. 작은 부탁마저 번번이 거절하는 사람은 나를 좋아하지 않는 것이 분명하다. 결국 거절하는 그 행동 뒤에 도사린 이기심에 분노하는 것이다.

어떤 사람과 좋은 관계를 맺고 싶다면 아무리 작은 도움이라도 고마워해야 한다. 마음만으로는 부족하다. 고맙다고 표현해야 상대방도 내가 고마워하는 줄 안다. 나중에 그 사람에게 도움이 필요하면 도움으로 되갚아야 한다. 그 사람에게 내 도움이 전혀 필요 없다면 작은 선물로 보답해야 한다.

반대로 멀리하고 싶은 이가 있다면 작은 부탁도 거절해야 한다. 원치 않는 도움에 대해서는 고마움을 표현할 필요가 없다. 원치 않는 도움을 강요할 때는 딱 잘라 거절해야 한다. 누군가와 소원한 관계를 유지하려면 도움받지 말아야 한다. 거절해도 도움을 강요하는 경우 이를 악물고 잘라 내야 한다. 그래야 나의 자유를 지킬 수 있다.

진정한 마음을 전하는 선물

살면서 진정으로 칭찬할 만큼 특별한 일은 사실 드물다. 하지만 내 입장에서 칭찬받을 만한 일을 했다고 생각했는데 칭찬받지 못하는 경우는 너무나 많다. 그 이유는 상대방의 관점에서 칭찬받을 만한 가치가 없다고 느껴지기 때문이다.

내가 도움을 줄 때는 그것이 엄청나게 큰 것이라고 느낀다. 하지만 똑같은 도움을 내가 받았을 때는 그만큼 크다고 생각하지 않는다. 나는 도움을 줬다고 생각하지만 상대방은 그다지 도움되지 않았다고 느낄 때도 있고, 반대로 상대방은 도움을 줬다고 생각하지만 내가 그만큼 도움받았다고 느끼지 않는 경우도 많다.

나는 특별한 일에만 고마움을 표현해야 한다고 생각한다. 하지만 내가 무언가를 해 줄 때는 상황이 달라진다. 상대방은 고맙다고 할 만한 일이 아니라 느낄지 몰라도, 나는 고마움을 표현하지 않는 모습이 서운하다. 인간관계도 마찬가지다. 아무리 작은 호의라도 반드시 갚아야 건강한 관계를 유지할 수 있다. 도움을 받았다면, 그 도움에 대한 보답은 또 다른 도움으로 갚는 것이 좋다. 하지만 도와줄 일이 없을 때는 선물로 그 마음을 전해야 한다.

마음을 전하는 선물

가족, 친한 친구, 연인을 제외하고는 특별한 날도 아닌데 선물하고 싶을 만큼 고마운 사람은 손에 꼽는다. 하지만 평소에 잘해 줬는데 작은 선물 하나 보답하지 않는 사람들이 너무 많다. 나는 내가 선물받을 자격이 있다고 생각하지만 남들이 선물하지 않는 것처럼, 남들 역시 자신이 선물받을 자격이 있다고 생각하지만 내가 선물하지 않는다고 느끼고 있을 것이다.

누군가를 좋아하면 자연스럽게 그 사람을 위해 뭔가를 해 주고 싶은 마음이 들게 마련이다. 상대가 원하는 것을 사 주고,

먹고 싶다는 음식을 사 주는 것이 당연하게 느껴진다. 그런데 누가 나를 좋아한다면서 내가 뭔가를 사 달라 하면 쓸데없는 것을 사려고 한다며 거절하고, 먹고 싶은 음식을 말했을 때도 왜 그런 음식을 먹느냐며 사지 않는다. 과연 그 사람은 정말 나를 좋아하는 걸까?

다른 사례를 보자. 사장은 늘 나를 회사에 없어서는 안 될 사람이라고 치켜세운다. 하지만 승진시키지도 않고, 월급도 올리지 않는다. 그렇다면 사장의 속내는 과연 무엇일까? 만약 내가 진정으로 회사에 중요한 사람이라면 사장은 그만한 대우를 할 것이다. 내가 그만둘 것 같다면 어떻게든 붙잡으려 할 것이다. 그러나 승진도, 월급 인상도 없으며 내가 그만둘 것 같아도 아무런 조치를 취하지 않는다면, 사장은 나를 그다지 중요하게 생각하지 않는 것이다. '회사에 없어서는 안 될 사람'이라는 말은 그저 말뿐이었던 셈이다.

말로만 하는 것은 돈이 들지 않는다. 그럴듯한 말만 늘어놓고 실제로 나를 위해 한 푼도 쓰지 않는 사람보다는, 무뚝뚝해도 내가 원하는 것을 해 주기 위해 기꺼이 돈을 쓰는 사람이 더 낫다. 이런 점에서 선물은 훌륭한 소통의 도구가 된다. 관계가 멀어졌더라도 값진 선물을 주고받으면 대체로 가까워지게 마련이다. 비싸고 귀한 것을 선물하는 사람은 나를 그만큼 중요하게 생각하는 것이기 때문이다.

따라서 마음은 물질과 함께할 때 더 큰 가치를 지닌다. 상대방이 내 마음을 알 수 있도록 표현해야 한다. 사랑한다고, 좋아한다고 말하지 않으면 그 마음은 전달되지 않는다. 그러나 말로만 사랑을 표현하고, 호감을 나타내면 결국 그 말마저도 무의미해진다. 축하할 일에 기프티콘을 보내거나, 생일에 원하는 선물을 주거나, 크리스마스에 작은 선물을 건네는 것처럼, 물질적인 표현은 관계에 반드시 필요하다. 그리고 상대방의 호의에 반드시 보답해야 한다. 내가 어떤 부탁을 하면, 나 또한 그 사람의 부탁을 들어줄 의무가 생긴다. 그 사람이 나에게 원하는 것이 아무것도 없을 때는 작은 선물이라도 건네는 것이 예의다. 과자 한 봉지, 사탕 하나라도 건네는 것이 상대방을 존중하는 방법이다.

선물은 상대방에게 필요한 것을 주는 일

돈이나 선물 같은 물질적인 것이 아니더라도, 나를 위해서 어떤 행동을 하는 사람이 진정으로 나를 좋아하는 사람이다. 분리수거를 하거나, 짐을 들어 주는 일이든, 내가 부탁할 때마다 거절하는 사람은 나를 좋아하지 않는 것이다. 나도 마찬가지다. 누군가를 좋아하는지 확신이 서지 않을 때는 내 행동을 생각해 보자. 내가 그 사람을 위해 자꾸 무언가를 하고 있다면 나는 그 사람을 좋아하고 있는 것이다. 반대로 그 사람을 위해서 하는 일이 아무것도 없다면 사실 나는 그 사람을 좋아하지 않는 것이다.

누군가를 좋아한다면 말만 하기보다는 물질과 마음이 함께 가는 것이 더 좋다. 고마움을 표현하고 싶을 때 단순히 "고맙다"라는 말보다 선물이 더 나은 표현이 될 수 있다. 그러나 중요한 것은 상대방이 원하는 것을, 상대방이 원할 때, 상대방이 원하는 만큼 주는 것이다. 우리는 종종 내가 원하는 것을, 내가 원할 때, 내가 원하는 만큼 주곤 한다. 그러면 상대방은 달라고 한 적도 없고 마음에도 들지 않는 것을 받게 되어 불편해하고, 그 선물을 잘 사용하지 않게 된다. 선물로 준 옷을 입지 않거나, 물건을 쓰지 않으면 준 사람은 서운함을 느낀다. 그 결과 상대방은 준 사람이 기분 상할까 봐 억지로 옷을 입고 물건을 사용하는데, 이는 결국 관계를 악화시킬 뿐이다. 해 주고도 욕먹는 것이다.

관계가 잘 풀리고 행복할 때는 오히려 선물에 덜 예민하다. 하지만 상대 때문에 내가 힘들다는 생각이 들기 시작하면 그 불행의 대가로 비싼 선물을 받고 싶어진다. 물론 비싼 선물이 없는 것보다는 있는 편이 나을지 모르지만, 그로 인해 조성된 좋은 분위기는 오래 가지 않는다. 괴로움이 결국 즐거움을 이겨 버리기 때문이다.

가장 좋은 선물은 값비싼 물건이 아니라 상대방이 싫어하는 행동을 중단하는 것일 때가 많다. 예를 들어, 매일 술을 마시고 늦는 가족 때문에 힘들어하는 사람에게는 술을 끊는 것이 최고의 선물이다. 쓸데없는 곳에 돈을 쓰는 가족 때문에 괴로워하는 사람에게는 돈을 아끼는 것이, 잔소리 때문에 지친 사람에게는 잔소리가 중단되는 것이 가장 큰 선물이 될 것이다.

 **싫어하는 행동을
하지 않기**

상대방에게 도움되었으면 하고 말하지만, 하필 귀에 거슬리는 말만 골라 하는 사람이 있다. 상대방은 그런 말을 듣기 싫어서 점차 그를 멀리하게 된다. 하지만 당사자는 욕을 하거나 때린 것도 아닌데 사람들이 왜 자신을 피하는지 이해하지 못한다. 그는 자신이 중요한 충고를 한다고 착각하며, 관심을 주고 신경 쓰는 데도 사람들이 자신을 피하니 억울해한다.

귀에 거슬리는 말을 들으면 대부분의 사람들은 얼굴에 불편한 기색을 드러낸다. 친절한 사람은 참고 넘어가지만 속으로는 결코 즐겁지 않다. 하지만 그런 말을 하는 사람은 상대방이 고맙다고 하니 진짜인 줄 알다가, 나중에 상대방도 사실은 지겨워했다는 소식을 들으면 배신감을 느낀다. 상대방이 앞뒤가 다르다며 비난을 쏟아 낸다. 그러나 앞에서나마 참아 준 사람을 헐뜯으면 결국 모든 사람에게서 외면당한다.

잔소리하는 부모도 마찬가지다. 부모는 자식을 사랑하는 것이 당연하다고 생각하고, 자녀 또한 부모를 무조건 사랑해야 한다고 여긴다. 하지만 잔소리하는 부모를 좋아하는 자식은 많지 않다. 부모가 마주칠 때마다 싫은 얘기를 하니, 자식은 가능한 한 부모 눈에 띄지 않으려 한다. 방에서 나오지 않거나, 부모가 방에 들어오면 나가고, 부모가 나가면 다시 들어간다. 부모는 자식이 왜 저러는지 의아해하지만, 자식과 가까워지려면 먼저 잔소리를 멈춰야 한다. 자식이 싫어하는 이야기를 하면서 자신을 좋아하기를 바라는 것은 어리석은 기대다.

부부 사이도 마찬가지다. 사이가 안 좋은 부부에게 가장 중요한 것은 억지로 가까워지는 것이 아니라 더 이상 싸우지 않는 것이다. 사이가 나빠질 때 좋아지려고 억지로 노력하면 또다시 싸우게 될 뿐이다. 심리적 거리, 물리적 거리를 유지하면 더 가까워지지도 않지만 더 멀어지지도 않는다. 가까워지려다 확 멀어지기를 반복하면, 처음에는 그래도 서로 표정이 보일 정도의 거리였는데 나중에는 맨눈으로도 보이지 않아서 망원경을 사용해야 할 정도로 마음의 거리가 벌어진다.

호의가 부담일 수 있음을 인지하자

싫어하는 데는 이유가 없다. 내가 한 어떤 행동을 상대방이 싫어하는 데에는 굳이 이유가 필요하지 않다. 나는 도와주려는 의도일지라도 상대방은 불편할 수 있다. 내 의도가 좋다고 해서 상대방이 억지로 참아야 할 이유는 없다. 그런데 누군가를 돕고자 하는 마음을 상대방이 싫어하는 상황은 안타깝다 못해 비극이다. 잘해 주려 할수록 상대방이 나를 더 싫어할 뿐이다. 그러나 반대로, 내가 아무것도 하지 않으면 상대방은 오히려 더 편해진다. 내가 친절이라 여기는 것이 상대방에게는 부담이 된다.

예를 들어, 내가 차로 태워 주겠다고 할 때 상대방은 괜찮다며 거절한다. 차를 타면 시간이 절약되는데 왜 제안을 거절하는지 이해되지 않는다. 혼자 갈 경우 지하철을 타거나, 버스를 타거나, 걸어가야 해서 힘들 텐데 왜 굳이 차를 타지 않는지 모르겠다. 그러나 상대방은 나와 같은 차를 타는 것만으로도 답답함을 느낀다. 내가 늘어놓는 세상에 대한 불평, 쓸데없는 질문, 누군가를 흉보는 얘기를 듣는 정신적 피로감이 더 크다는 것을 나만 모르는 것이다. 매번 도와주겠다고 할 때마다 '괜찮다'고 거절받으면 거부당하는 것처럼 느껴져서 힘들다. 그냥 한번쯤 내가 원하는 대로 해 주면 안 되나 하는 생각도 든다. 그러나 상대방은 한 번이 두 번이 되고, 두 번이 세 번이 되고, 결국 매번이 될까 봐 두려운 것이다. 호의를 강요하는 사람은 결코 한 번으로 멈추지 않기 때문이다.

싫은 말을 할 때, 미움 받을 용기

싫은 것을 억지로 참는 것만큼 어려운 일도 없다. 그동안 그 사람이 나에게 잘해 준 일을 떠올려도 싫은 것은 여전히 싫다. 앞으로 나에게 잘해 줄 것을 생각해 봐도 마찬가지다. 억지로 가까이 지내려 하면 결국 어느 순간 폭발하게 마련이다. 잘 지내기 위해서는 서로 싫어하는 행동을 하지 않는 것이 우선이다. 미움 받을 행동을 하면 상대방이 나를 싫어하는 것은 당연한 일이다. 그러나 인간은 같은 상황에서 같은 행동을 반복한다. 그런 행동을 하지 않으려 해도 결국 또 하게 된다. 그러므로 서로 간에 안전거리가 확보되어야 싫어하는 행동을 피할 수 있다.

    나만 보면 화내는 사람이 있다. 내가 무슨 말을 하든지 내가 입을 떼기만 하면 화낸다. 이런 사람 앞에서는 어떤 말도 피하는 것이 좋다. 말을 하면 할수록 상대방은 나를 더 싫어하게 된다. 설명하려 해도 변명으로 들릴 뿐이다. 답답하고 억울하겠지만,

누군가 내가 말만 해도 짜증을 낸다면, 그 사람이 가장 싫어하는 것은 내 목소리일 것이다. 그 사람이 듣기 싫어한다면 그 앞에서는 말하지 않는 것이 최선이다. 시간이 지나 그가 먼저 나에게 말을 걸어올 때가 올 것이다. 그때가 바로 말해야 할 때다.

때로는 상대가 싫어할 말을 할 때가 있다. 도저히 화를 참을 수 없을 때나 걱정이 너무 커서 견디기 힘들 때는, 상대가 분명히 싫어할 것을 알면서도 불편한 말을 하게 된다. 참다가 나도 모르게 그런 말을 할 수도 있다. 그럴 때는 '왜 그랬을까' 자책하지 말자. 참는데도 한계가 있고, 그 한계 내에서 최선을 다했을 것이다. 다만 그 순간 상대와 멀어지는 것을 자연스럽게 받아들이자. 나를 싫어하는 것을 당연하게 여기자. 미움받는 것도 받아들이자. 그렇게 책임지고 수용할 수 있다면, 불편한 말도 할 수 있고 미움받을 행동도 할 수 있다. 상대가 나에게 친절하기를 기대하지 말자. 싫은 말을 하면서 미움받지 않을 거라고 기대하지 말자. 상대가 나를 더 멀리하면 슬퍼질 수는 있다. 하지만 자책하거나 화내지 말자.

 ## 왜 고맙다고
하지 않는 걸까

고마운 일이지만 상대방에게는 그렇지 않을 수도 있다. 예를 들어, 누군가가 나에게 1,000만 원을 아무 이유 없이 주었다면 이는 분명 고마운 일이다. 하지만 이웃이 음식을 나눠 줬는데 입맛에 맞지 않다면 그리 감사할 일이 아닐 수 있다. 주는 입장에서는 받는 사람이 고마워해야 한다고 생각할 수 있지만, 받는 입장에서는 오히려 음식물 쓰레기만 늘어날 뿐이다.

주는 사람과 받는 사람의 생각은 서로 다르다. 주는 사람은 100만큼 고마워할 것이라 기대하지만, 받는 사람은 대개 10 정도의 감사만 느낀다. 주는 사람은 종종 받는 사람이 고마움을 모른다고 생각하게 된다. 만약 주는 사람이 50 정도 고마워할 것이라고 예상하고, 실제로 받는 사람도 그렇게 느낀다면 균형이 맞을 것이다. 주는 사람은 받는 사람은 10 정도만 고마워해도 충분하다고 생각하는데, 받는 사람이 100 정도의 고마움을 느낀다면, 주는 사람은 고마워하는 태도에 감동하고 받는 사람 역시 생색내지 않는 태도에 감동하게 된다.

주는 사람의 생각과 받는 사람의 생각은 상황에 따라 다를 수 있다. 어떤 사람은 작은 돈을 빌려주면 고마움을 느끼지만, 비싼 식당에서의 식사는 별로 감사하게 생각하지 않을 수 있다. 또 어떤 사람은 골프 접대를 받으면 고맙다고 느끼지만, 오페라 무료 공연에는 감사하지 않을 수 있다. 즉 무엇에 대해 얼마나 고마움을 느끼느냐는 사람마다 다르며, 각자의 경험과 가치관에 따라 달라질 수 있다.

고맙다고 말하지 않는 사람들

모든 것에 고마움을 느끼지 않는 이기적인 사람도 있다. 이들은 자신에게 이익이 없는 상황에서는 절대 남을 돕지 않는다. 도와달라고 하면 여러 가지 핑계를 댄다. 이렇게 이기적인 사람일수록 남이 자신을 도와주는 것은 당연하게 여긴다. 누군가를 돕는 데는 시간과 노력이 필요하지만, 이들은 그 수고를 아무것도 아닌 것으로 치부한다. 만약 도와준 사람이 힘들었다 말하면 생색내는 것처럼 취급하며 적반하장으로 나오기도 한다. 이기적인 사람들은 자신이 신세 졌다는 것을 인정하고 싶지 않기 때문에 절대로 고맙다는 말을 하지 않는다.

이와는 달리, 속으로 고마움을 느끼지만 겉으로 표현하지 못하는 사람도 있다. 이런 사람들은 평소에 낯가림이 심해 누군가에게 도움을 요청하기도 어렵다. 도움받으면 기어들어 가는 목소리로 겨우 "고맙다"라고 하지만 소리가 너무 작아 상대방에게 잘 들리지 않을 때가 많다. 이로 인해 상대방은 고맙다는 말을 듣지 못했다고 생각한다. 겁이 나서 굳은 표정으로 가까스로 "고맙다"라고 말할 때 상대방은 이를 억지로 말한 것으로 오해하기도 한다. 고마움을 표현할 타이밍을 놓치는 경우도 많다. '고맙다고 말해야겠지만 상대방이 너무 바빠 보이니 다음에 하자'며 미루고, 상대방이 다른 사람과 함께 있을 때는 쑥스러워서 입을 열지 못한다. 이들은 감정 표현을 잘하지 못할 뿐 마음속에서 고마움을 느끼지 않는 것은 아니다.

사람들과 거리 두는 것이 편한 이들도 고맙다는 말에 인색하다. 내가 요청하지 않았는데도 누군가가 도와주겠다 나서면 오히려 불편하게 느낀다. 필요하지 않은 도움을 받으면 형식적으로 "고맙다"라고 표현할 수밖에 없지만, 도움받은 후에는 오히려 상대방과 더 거리를 둔다. 이런 경우 도움을 준 사람은 서운함을 느낀다.

너무 정신이 없어서 고마움을 표현하는 것을 잊어버리는 이들도 있다. 여러 가지 일이 겹쳐 정신이 없고, 일을 계획적으로 처리하지 못해 약속도 자주 잊곤 한다. 도움받고 나서 고마움을 표현해야 하지만 깜빡하는 경우가 많다. 나중에 상대방을 만났을 때도 그 기억이 나지 않기도 한다. 고의가 아닌 경우지만 도움을 준 사람은 기분이 나쁠 수밖에 없다.

고마움이 없어 섭섭하다면

대체로 주는 사람이 생각하는 가치가 받는 사람이 생각하는 가치보다 더 크기 때문에, 내가 베푼 호의에 고마운 반응이 예상보다 작게 느껴지는 것은 자연스러운 일이다. 따라서 상대방의 반응이 기대보다 적더라도 그러려니 하자. 만약 실컷 잘해 줬는데도 고맙다는 말을 듣지 못하는 일이 자주 발생한다면, 그때는 상대방에 대한 기대치가 너무 높은 것은 아닌지 한번 생각해 보자. 이기적인 사람일수록 타인이 자신에게 고마워할 일이 많다고 여긴다. 반면 실제로 남을 많이 돕는 사람은 고맙다는 표현 여부에 별로 신경 쓰지 않는다.

고맙다는 말을 듣지 못해 속상할 때가 많다면 지금부터 베풂을 줄이는 것도 방법이다. 주변에서는 "해 주고도 좋은 말을 듣지 못할 바에는 아예 하지 말라"라고 충고하는 이들도 있다. 그러나 문제는 줄이고 싶어도 그러지 못한다는 것이다. 오지랖이 넓은 사람은 무엇이든 그냥 지나치지 못한다.

충동성이라는 단어를 떠올리면 누군가를 때리거나 욕하는 모습을 생각할 수 있지만, 사실 충동성은 중립적인 개념이다. 이타적인 사람이 충동적이면 누군가 힘든 상황을 보면 무의식적으로 도와준다. 더욱이 친밀감을 중시하는 사람은 타인의 호감에 큰 비중을 두며, 누군가가 자신을 좋아하지 않는 것을 견디지 못한다. 고맙다는 말을 듣지 못하는 것을 나를 좋아하지 않는다는 뜻으로 해석할 수도 있다. 이타적이면서도 복수심이 강한 사람들은 원하는 말을 듣지 못하면 화가 나고 서운해한다. 충동적인 사람은 마음이 급하다. 그들은 상대방이 원하는 도움 대신 자신이 하고 싶은 도움을 주는 경우가 많다. 남이 원치 않는 것을, 남이 원치 않는 만큼 하고는 나만 모를 수도 있다. 결국 내가 도움을 줬다고 생각하는 것보다 더 중요한 것은 상대방이 그 도움을 실제로 받았다고 느끼는 것이다. 도움 주기를 멈출 수 없다면, 상대방에게 도움되는 방법으로 노력해야 한다.

고맙다는 말을 듣고 싶다면, 나부터 남에게 고맙다는 말을 더 자주 하면 된다. 우리는 막연히 상대방이 내가 고마워하는 마음을 알 것이라고 짐작하면서 살아간다. 하지만 말하지 않으면 상대방은 알 수 없다. 사랑한다고, 좋아한다고 말하지 않으면 상대방은 모른다. 고맙다고 하지 않으면 상대방은 내가 고마워하는 줄 모른다. 이처럼 내가 표현하지 않으면 상대방은 내가 자신에 대해 어떻게 생각하는지 알 수 없다.

칭찬할까 고민이 될 때는

살면서 진심으로 감동할 만큼 훌륭한 행동을 마주하는 일은 그리 많지 않다. 별로인 일에 대단하다 얘기하고 칭찬하는 것은 어떤 의미에서 아부처럼 느껴질 수 있다. 차마 드러내 칭찬하지 못하겠다는 사람 중에는 자신이 아부를 못한다고 이야기하는 경우가 많다.

사람들이 아부를 좋아하는 이유는 무엇일까? 바로 아부를 칭찬으로 받아들이기 때문이다. 우리는 칭찬은 진실이어야 한다고 생각하지만 진실의 기준은 너무나 박하다. 칭찬할 만한 일은 드물기 때문에, 아부라는 느낌이 들 때는 그저 고맙다고 표현하자. 아부를 못한다고 생각하는 사람은 다른 이들의 눈에 그저 칭찬하지 못하는 사람으로 보일 수 있다. 고맙다고 하자니 아부하는 것 같다는 생각이 드는 경우에는 더욱 빨리 고맙다고 표현해야 한다. 고마워할 만한 일이 아니더라도 고맙다고 말하자. 그렇게 하면 상대방도 다음에는 자신이 생각하기에 별거 아닌 일에도 나에게 고맙다고 할 것이다.

 ## 상대방의 마음을 얻는 단순한 비밀

어떤 사람은 상대방이 자신을 좋아하지 않는데도 자신이 상대방에게 호감받고 있다고 착각한다. 그래서 금세 상대방과 가까워지려 하고 친근하게 행동한다. 하지만 상대방은 귀찮아도 참고 있을 뿐이다. 선을 넘으면 상대방이 눈치를 주지만, 그 사람은 여전히 자신이 호감받고 있다고 믿기 때문에 이를 알아채지 못한다. 참다 못한 상대방이 불편한 말을 하거나 대놓고 거리를 두면, 그제서야 상대방이 자신을 좋아하지 않는다는 사실을 깨닫는다. 이때 배신감을 느끼기도 하고 나중에는 경계심을 가진다. 나는 저 사람을 좋아하지만, 저 사람은 나를 좋아하지 않을지도 모른다고 생각하는 것이다.

반대의 경우도 있다. 어떤 사람은 남들이 자신에게 관심이 없다고 생각하며 산다. 소개팅을 해도 상대방이 적극적으로 호감을 표현하지 않으면 자신에게 관심이 없다고 여긴다. 심지어 상대방이 적극적으로 다가와도 언제 자신을 싫어하게 될지 모른다는 불안감을 느낀다. 그래서 오래 알고 지낸 몇몇 사람과만 친하게 지내며 가능하면 사람들과 거리를 둔다. 하지만 내가 상대방을 좋아할 때는 이 상반된 마음 때문에 갈등이 생긴다. 가까워지고 싶지만 상대방이 나를 어떻게 생각하는지 알 수 없어 망설여진다. 그렇다고 지금처럼 안전한 거리를 유지하자니 마음이 아프다. 결국 짝사랑하게 되는 것이다. 그렇다면 상대방의 마음을 알 수 없을 때 나는 어떻게 해야 할까?

상대방의 마음을 얻는 단순한 방법

TV나 드라마에서는 인간의 마음이 매우 복잡하게 그려진다. 하지만 실제로 우리의 마음은 그렇게 복잡하지 않다. 누군가 나에게 잘해 줬을 때 그것을 싫어하는 사람은 거의 없다. 반대로 누군가가 싫은 행동을 했을 때 그것을 좋아할 사람도 없다. 따라서 상대방이 좋아하는 것을 하고, 싫어하는 것은 하지 않으면 된다.

그러다 보면 우연한 기회에 자연스럽게 가까워질 수 있다.

사람은 누구나 내가 좋아하는 것을 남도 좋아해 주길 바란다. 그래서 상대방에게 내가 좋아하는 것을 해 주기도 한다. 하지만 그것이 상대방이 싫어하는 것일 수도 있다. 그러면 내가 좋아서 한 행동이 오히려 상대방과의 거리를 만든다. 심지어 상대방이 싫어하지 않더라도 같은 행동이 반복되면 결국 나를 싫어하게 될 수도 있다. 따라서 먼저 상대방이 무엇을 좋아하는지 분명히 확인하는 것이 중요하다. 보통 사람들은 좋아할 때 웃음을 보인다. 내가 뭔가를 해 줬는데 상대방의 눈과 입이 동시에 웃지 않는다면, 그것은 상대방이 그다지 좋아하지 않는 것이다. 또한 상대방이 내가 해 준 것을 좋아하고 나에게 호감이 있다면 보답을 할 것이다. 만약 보답이 없다면 그것은 상대방이 내가 해 준 것을 좋아하지 않거나, 나에게 호감이 없다는 의미일 수 있다.

우리는 흔히 상대방이 좋아하는 행동을 생각할 때, 내가 직접적으로 하는 행동만을 떠올린다. 하지만 상대방이 나를 어떻게 느끼는지는 내가 다른 사람을 어떻게 대하는지에서 비롯되기도 한다. 내가 주변 사람들에게 다정하고 상냥하게 대하면, 그 사람도 나에 대해 안심하고 좋은 인상을 갖게 된다. 반면 다른 사람들을 힘들게 하면서 그 사람에게만 잘해 준다면 그것은 별 효과가 없다.

때로는 내가 그 사람에게 베푸는 호의적인 행동보다 다른 사람에게 하는 나쁜 행동이 관계를 크게 좌우할 때가 있다. 예를 들어, 사무실에서 다른 사람에게 기분 나쁘게 굴었을 때, 아무리 내가 아끼는 사람에게 잘해 줘도 그 사람의 마음에는 들지 않을 수 있다. 결국 그 사람은 나를 좋아하지 않을 것이다. 또 다른 예로, 아버지가 아들이 자신을 좋아해 주길 바라며 여러 가지를 한다. 하지만 아버지가 어머니를 힘들게 하면 아무리 잘해 줘도 아들은 아버지를 좋아하지 않을 것이다. 아들이 자신을 좋아하게 하고 싶다면 먼저 아내에게 잘하는 것이 우선이다.

진심은 헷갈리지 않는다

상대방이 나를 좋아한다고 표현하지 않으면 나를 그렇게까지 좋아하지 않는다고 생각하면 된다. 가끔 상대방이 나를 좋아하는지 헷갈릴 때도 있다. 그 사람이 이랬다저랬다 한다면 본심이 무엇인지 굳이 고민하지 말자. 이랬을 때도 그 사람의 마음이고 저랬을 때도 그 사람의 마음이다. 어느 한쪽만 본심이고 다른 쪽은 본심이 아닌 것이 아니다. 그 사람의 마음 안에는 많이 점유하는 감정도 있고 적게 점유하는 감정도 있다. 어느 쪽이든 모두 그 사람의 마음이다. 굳이 따지자면 많이 드러나는 모습이 그 사람의 주된 마음일 것이다. 어쩌다 아주 특별한 상황에서 나오는 말과 행동이 본심일까 고민하지 말고, 모든 것이 그 사람의 마음이라고 생각하며 그에 맞게 대처하면 된다.

상대방이 나를 좋아하는 것 같다면 그냥 나를 좋아한다고 생각하면 된다. 하지만 내가 그 사람이 마음에 들지 않으면 상황은 달라진다. 내가 별로라고 느끼는 사람이 나를 좋아한다고 하면 불쾌해진다. 그래서 나는 그 사람이 제정신이 아니라고 생각한다. 그래야 내 마음이 편하기 때문이다. 그 사람이 아무리 노력해도 나는 갈등하지 않는다. 그 사람의 호감은 진정한 호감이 아니라 일시적인 감정일 뿐이라고 생각한다. 그 사람은 진정한 나를 좋아하는 것이 아니라, 그 사람의 눈에 비친 특정한 내 모습만을 좋아하는 것일 수 있다. 내가 그 사람을 충분히 좋아하지 않는 한, 그 사람의 호감은 잘못된 것으로 느껴진다.

내가 누군가를 좋아하면서 그 사람의 본심을 자꾸 생각하는 것은, 그 사람이 나를 100퍼센트 좋아한다는 확신이 없으면 내 마음을 결정하지 않겠다는 의미다. 결국 그 사람의 마음에 따라 나의 행동을 정하겠다는 것이다. 그 사람의 본심을 고민하는 것은 내가 그만큼 그 사람을 좋아하지 않는다는 증거다. 그 사람이 나를 좋아하는지 계속 고민하는 이유는 내 마음이 아직 정해지지 않았기 때문이다.

　살면서 무언가를 정말 좋아할 때는 갈등하지 않는다. 그저 직관적으로 행동하게 된다. 내가 고민하는 이유는 그 사람 때문이기도 하지만, 동시에 나 자신 때문이다. 그 사람이 나를 좋아해야 나도 그 사람을 좋아하겠다는 조건부 마음이기 때문이다.

　무조건적인 마음이 되면 그 사람이 나를 좋아하건 말건 상관없다. 내가 그 사람을 좋아하는 것만으로 충분하다. 예를 들어, 무조건적인 마음으로 상대를 좋아할 때는 그 사람이 나를 인정하지 않더라도 그 사람을 돕고 그를 위해 행동할 수 있다. 이러한 행동은 상대방의 반응에 영향받지 않는다. 조건부 마음은 아직 그 사람을 충분히 좋아하지 않는다는 것을 의미한다. 언젠가 진정으로 좋아하는 사람이 나타나면, 그 사람이 나를 좋아하든 말든 나는 그 사람을 위해 행동하게 될 것이다. 그 사람이 나를 싫어하더라도, 나는 그 사람을 도우며 사랑한다는 사실을 깨닫고 확인하게 될 것이다.

설득과 해명보다 중요한 마음

뭔가 일이 잘못되었다. 하지만 나도 사정이 있다. 무조건 내 잘못으로 몰리니 억울한 생각도 든다. 나름대로 자초지종을 설명한다. 그러자 상대방은 변명하지 말라고 한다. 내가 오해를 풀기 위해 해명하면 할수록 내 말을 들으려 하지 않고 화만 낸다.

오해가 아니라 불편함이다

사람들이 가장 싫어하는 말 중 하나가 "네가 오해했어"이다. 남녀 사이에서 상대방이 다른 이성과 만난 이유로 갈등이 생길 때가 있다. 이때 오해라고 주장하는 사람은 "네가 생각하는 그런 관계가 아니야"라며 스킨십이 없었으니 문제 될 것이 없다고 설명한다. 하지만 듣는 사람의 입장은 다르다. 의도가 어찌 되었든 만남 자체가 문제인 것이다. 그런데도 상대방이 아무 문제가 없다고 설명하는 것은 아직 상황의 본질을 이해하지 못한 것이다. 만난 것 자체를 사과하는 것이 올바른 태도다.

다른 이성을 만난 것으로 문제가 될 때 상대방이 또 싫어하는 말이 있다. 바로 "네가 이럴까 봐 알리지 않았어"이다. 이를테면, 우연히 다른 이성이 있는 자리에 있었는데 그 사실을 알리면 상대방이 예민하게 반응할 것 같아서 말하지 않았다는 것이다.

상대방은 "다 너를 생각해서 그랬어"라며 자기변호를 하지만, 이 말을 풀어 보면 사실 이렇다. 다른 이성이 있는 자리에 있었고, 상대방이 이를 불편해할 것을 알면서도 자리를 뜨기 싫어했으며, 상대방이 알면 화낼 것 같아 그 사실을 숨겼다. 이를 상대방이 상처받을까 봐 숨겼다는 식으로 포장하는 것이 더욱 화나게 만든다. "네가 이럴까 봐 알리지 않았어"라는 논리라면, 앞으로도 같은 일이 반복될 수 있다는 뜻이기 때문이다.

해명보다 앞서야 하는 태도는

사람은 말하다 보면 점점 자신의 말에 몰입하게 된다. 특히 해명할 때는 심리적 압박을 받고 상대방을 신경 쓰며 설명하려다 보니 뇌가 피로해진다. 이 상태에서는 상대방의 말이 귀에 잘 들어오지 않고, 표정도 제대로 보이지 않는다. 감정을 읽는 능력마저 거의 사라진다. 그러다 보니 같은 이야기를 반복하고 자신이 무엇을 해야 할지도 점점 알 수 없게 된다.

상대방도 마찬가지다. 화가 나 있는 상태에서는 어떤 말도 귀에 들어오지 않는다. 내가 하는 말은 모두 변명으로 들린다. 감정이 격해진 상태에서는 합리적인 생각이 어려워지고, 해명할수록 상황은 더 복잡해진다. 내 말을 곧이곧대로 받아들이지 않고 문제를 설명하려는 시도와 태도까지도 문제 삼는다. 게다가 상대방이 문제 삼는 것과 내가 생각하는 문제가 다를 수도 있다. 나는 오늘 잘못한 일을 해명하려 하지만, 상대방은 그동안 누적된 일들로 화가 난 경우가 많다. 그래서 내가 오늘의 일에 대해서만 해명하는 것을 오늘의 일만 잘못이라고 여긴다는 뜻으로 받아들일 수 있다. 이는 과거에 내가 했던 일들을 잘못이 아니라 생각한다는 의미로도 비칠 수 있다.

상대방의 말 속에 담긴 감정을 이해하는 것도 중요하다. 해명하는 상황에서 상대방이 화나 있는 경우 어떻게든 그 화를 달래려 한다. 하지만 상대방이 불안해서 화난 것이라면 나 역시 불안감을 드러내지 않도록 감정을 조절해야 한다. 불안해서 화난 사람 앞에서 내가 초조하게 안절부절못하는 모습을 보이면, 상대방의 불안은 더욱 커진다. 어떤 경우에는 상대방이 절망에 빠져 화를 내기도 한다. 이때는 상황이 절망적이지 않다는 증거를 보여 줄 필요가 있다. 사람은 막다른 상황에 몰리면 최악의 상황만 떠올린다. 예를 들어, 내가 투자에 실패해 가족이 화가 났다고 하자. 비록 큰 손실이 있더라도 통장 잔고를 보여 주는 것이 낫다. 잃은 돈이 크다는 사실에 화가 나겠지만 절망할 정도는 아니라는 안도감을 줄 수 있다.

해명할 때에는 상대방이 생각하는 나의 잘못이 무엇인지 정확히 파악한 후에 말하는 것이 중요하다. 상대방이 왜 이렇게 화났는지 감을 잡기 어려울 때는, 해명에 앞서 상대방의 말을 귀담아듣는 것이 우선이다. 내 입장에서 아무리 옳은 말을 하더라도 상대방에게 받아들여지지 않는다면, 일단 멈추고 상황을 다시 살펴야 한다.

차라리 무조건 미안하다고 반복하는 편이 나을 때가 있다. 상대방이 진정될 때까지 기다리며, 자연스럽게 말을 꺼내도록 하는 것이 중요하다. 내가 잘못이 없다는 것을 설명하려 들수록 상대방의 감정은 정리되지 않는다. 잠시 침묵이 흐른 뒤 상대방이 서서히 말을 시작하면 이제야 대화가 제대로 돌아가기 시작하는 것이다. 만약 상대방이 이야기를 멈추려 하면 그때는 그만두어야 한다. 상대방의 괴로운 마음을 서둘러 풀려 하면 오히려 상황이 더 꼬일 수 있다.

나의 잘못으로 돌이킬 수 없는 상황이 벌어졌다면 내가 왜 이런 잘못을 저질렀는지는 상대방에게 중요하지 않다. 내 잘못으로 누군가 다쳤다면 그 행동의 이유를 설명하기보다 먼저 상대방을 치료하는 것이 우선이다. 다른 경우도 마찬가지다. 내가 상대방에게 금전적 손해를 끼쳤다면 이 상황이 왜 벌어졌는지 해명하기보다 어떻게 보상할지를 생각하는 것이 더 중요하다. 상대방의 마음을 아프게 했을 때도 행동의 이유를 설명하기에 앞서 진심으로 사과하고 상대방을 위로하는 것이 먼저다.

그리고 같은 일이 반복되지 않도록 구체적인 해결책을 제시해야 한다. 불륜을 여러 번 저지르고 들킨 사람은 아무리 앞으로는 안 그러겠다고 해도 믿기 어렵다. 상대방이 원하는 대로 시간을 조절하고, 여윳돈이 없도록 함께 자금을 관리하는 등 실질적인 대책을 마련해야만 한다. 직장을 그만둬서 상대방이 화가 났다면 내일부터 당장 일을 구하겠다는 태도를 보여야 한다. 내가 게임을 많이 해서 상대방이 화가 났다면 나중에 다시 설치하더라도 지금은 게임을 중단해야 한다. 술을 마시고 늦게 들어와 상대방이 화가 났다면 내일부터 병원에 가겠다는 구체적인 약속을 해야 한다.

내가 왜 그런 행동을 했는지 아무리 설명해도 소용이 없다. 상대방이 과거의 차별에 화를 낸다면 지금이라도 경제적으로 보상하고, 따뜻한 배려가 부족했다고 불만을 제기하면 지금 당장 따뜻하게 안아 주는 것이 낫다. "왜 맨날 나에게 화내냐"라는 말에 대한 반응으로는, 화 대신 미소를 지으며 말하는 것이 더 효과적이다. 이 모든 방법이 안 통한다면 차라리 울어 버리는 것도 한 방법이다. 슬픔을 마주하면 상대방도 말문이 막히기 마련이다. 그래도 안 된다면 기절이라도 하는 수밖에 없다.

설명과 설득을 구분하는 소통

가능하다면 설득하지도 말고 설득되지도 말자. 나는 상대방에게 설명한다고 생각하지만 실제로는 설득하려는 경우가 많다. 상대방이 원하는 순간에, 원하는 만큼만 이야기하는 것이 설명이다. 상대방이 원하지 않는데도 반복적으로 말한다면 그것은 설명이 아니라 잔소리다. 나는 자초지종을 합리적으로 얘기하니까 설명이라고 생각하지만, 상대방은 이를 설득으로 받아들인다. 나는 상대방이 내 생각을 받아들이지 않는 이유를 설명한다고 여기지만, 사실 설득하려는 것임을 깨닫지 못한다. 반대로 상대방의 설명도 설득으로 느껴지면서 다툼이 벌어진다. "나는 단지 설명하려는 것뿐인데 왜 화를 내냐"라며 서로 다투게 된다. 한 번 말할 때는 설명이지만, 두 번째부터는 설득이다.

사실 속으로는 상대방이 "알겠다" 거나 "네"라고 대답하길 기대한다. 그런데 상대방이 아무 반응하지 않으면 또다시 설명하려고 하는데, 이때부터는 설명이 아닌 설득이다. 상대방이 내 말에 동의하지 않는 이유는, 동의하면 그에 맞는 행동을 해야 하기 때문이다. 행동을 강요받지 않기 위해서는 생각부터 동의하지 않는 편이 더 안전하다. 나는 단지 설명했을 뿐이며 행동을 강요한 적 없다고 주장하지만, 이는 상대방이 생각을 거부했기에 뒤늦게 내놓는 변명일 뿐이다. 상대방이 동의했을 경우에는 오히려 왜 제대로 하지 않느냐고 다그칠 가능성이 생긴다. 생각에 동의하지 않아야 행동도 거부할 수 있다. 생각이라는 전선이 무너지면, 그 다음에는 행동이라는 전선에서 갈등이 이어진다.

상대가 아무 대답도 하지 않으면 그걸로 끝이다. 억지로 알았다는 대답을 받아 내도 의미가 없다. 대답이 없으면 그냥 가보라고 하거나 내가 자리를 뜨는 편이 낫다. 가장 좋은 방법은 상대방에게 "생각해 봐"라거나 "다음에 다시 이야기하자"라고 말하는 것이다.

그런데 상대방이 그리 중요하지 않은 사람이라면 애초에 설명할 필요도 없다. 내가 잘못하지 않았는데 상대방이 설명을 요구한다면 굳이 응할 이유가 없다. 설명하는 순간 그것이 해명이 되고 곧 변명으로 매도될 위험이 있다면 차라리 아무 말도 하지 말자. 설명을 강요받고, 상대방이 내 설명에 만족하지 못해 다그친다면, 결국 해명이 변명으로 바뀌어 버린다. 이럴 때는 침묵이 오히려 낫다. 말을 할수록 나는 약자가 된다. 침묵을 지키면 상대방이 내게 계속 말을 요구하게 된다. 침묵을 지키면 지킬수록 나는 강자가 된다.

 ## 누군가 손해 볼 수밖에 없을 때

'원수는 외나무다리에서 만난다'는 말이 있다. 그 다리 위에서 양보하려면 뒤로 물러서야 하고, 그러다가는 떨어져 죽을지도 모른다. 앞으로 나아가려면 상대를 떨어뜨려야 한다. 굳이 외나무다리가 아니더라도, 우리는 일상에서 비슷한 상황을 자주 마주하게 된다. 내가 힘들면 남이 편하고, 남이 편하면 내가 불편해지는 경우들이 그렇다.

　차 한 대가 겨우 지나갈 수 있는 좁은 길이다. 중간쯤 왔을 때 저쪽에서 다른 차가 다가오고 있다. 결국 둘 중 하나는 후진해서 되돌아가야 한다. 주차할 때도 마찬가지다. 하나 남은 주차 공간에 누군가 먼저 자리를 차지하면, 나는 주차 자리를 찾아 한

참 동안 주차장을 빙빙 돌아야 한다. 힘들게 야근을 마치고 퇴근했는데 마지막 남은 주차 자리를 다른 차에게 준다면 아무리 둘러봐도 주차할 곳을 찾지 못할 것이다. 지하철이나 버스에서도 비슷한 상황은 반복된다. 빈 좌석 하나를 두고 나와 내 옆에 선 이가 동시에 그 자리를 노린다면, 내가 앉으면 옆 사람이 불편하고, 옆 사람이 앉으면 내가 불편한 상황이 된다.

이해관계가 다른 갈등의 문제

얼마 되지 않는 돈으로 빚 독촉을 받으면 '이 몇 푼 안 되는 돈 때문에 이러는 건가'라는 생각이 들기 마련이다. 큰돈도 아닌데 설마 내가 갚지 않겠느냐고 생각할 수도 있다. 상대방이 경제적으로 여유가 있는 사람이라면 그 돈이 없다고 크게 불편한 것도 아닐 텐데 굳이 재촉하는 이유를 이해할 수 없을지도 모른다. 그러나 상대방의 입장에서도 몇 푼 안 되는 돈을 갚지 않는 내가 이해되지 않는다. 정말 얼마 되지 않는 돈이라 떼어먹지 않을 거라면 지금 당장 갚는 것이 더 나을 것이다. 한쪽은 '이 정도 돈쯤이야' 하며 시간을 끌어도 된다 생각하지만, 다른 한쪽은 '이 정도 돈인데 왜 시간을 끄나' 답답해한다. 돈 때문에 다툰다고 생각하면 스스로가 속물처럼 느껴진다. 그래서 종종 다른 이유를 붙이곤 한다. 그럴 때 자주 튀어나오는 말이 "내가 돈 때문에 이러는 것 같냐?"이다. 돈이 아니라, 감정이 상해서 그렇다거나, 자존심이 구겨져서 그렇다고 핑계를 댄다.

그렇다면 상대가 잘못을 인정하고 진심으로 사과하면 갈등이 쉽게 풀릴까? 보통은 그렇지 않다. 잘못을 인정했으니 보상하라고 요구한다. 결국 돈을 주기 싫으니 잘못을 인정하지 않는 것이고, 돈을 받고 싶으니 상대에게 잘못을 인정하라고 하는 셈이다. 만약 돈을 주지 않아도 된다면 기꺼이 잘못을 인정할 것이고, 돈을 받을 생각이 없다면 굳이 잘못을 따지지도 않을 것이다. 나도 돈 때문에 이러는 것이고 상대도 돈 때문에 이러는 것이다. 다만 나는 고상한 이유가 있고 상대는 저급한 이유가 있다고 믿고 싶을 뿐이다. 돈 문제가 해결되어야 다른 문제도 해결될 수 있다. 심지어 다른 문제가 해결된다 해도 여전히 돈 문제는 남아 있다.

상대방이 부탁을 들어주지 않아 다툴 때도 마찬가지다. 나는 '별것도 아닌데 그냥 해 주면 되지 않나'라고 생각하고, 상대방은 '별것도 아닌 일을 자기가 하면 되지'라고 생각한다. 서로 똑같은 생각을 하면서도 한쪽은 부탁하고, 다른 한쪽은 그 부탁을 들어주지 않는 것이다.

한쪽이라도 선택할 수 있을 때

내가 편하면 남이 불편하고, 남이 편하면 내가 불편할 때는 어느 한쪽을 선택할 수밖에 없다. 내가 편한 쪽을 선택하면 비난받고, 내가 불편한 쪽을 선택하면 화가 난다. 그런데 해도 욕먹고 힘들게 참아도 욕먹는 상황이라면 차라리 참지 말고 저질러 버리는 것이 낫다고 여긴다. 그렇지만 불편을 감수하고 양보할 때도 있다. 그 이유는 상대방이 나를 싫어하는 것이 더 불편하거나, 상대방과 다툴 두려움이 더 불편하기 때문이다. 실제 상황에서 느끼는 불편함보다 심리적인 불편감이 더 클 때 우리는 물러난다. 그리고는 스스로를 합리화하며 양보했다고 말하고, 심지어 희생했다고 여긴다.

설혹 양보했다고 치더라도, 그로 인해 손해를 보면 마음이 아프기 마련이다. 그래서 손해 본 것이 아니라고 또다시 스스로를 합리화한다. 나에게 양보를 강요해 이득을 본 이들 역시 자신들의 이기적인 행동을 합리화하려 한다. 그럴 때 흔히 사용하는 상투적이고 뻔한 말들이 있다. "길게 봐야 한다", "넓게 봐야 한다", "다음에 다시 기회가 올 것이다", "윈-윈 Win-Win 상황으로 만들어라" 같은 말들이다.

세상을 살면서 나쁜 것과 좋은 것 중에서 선택할 수 있을 때가 그나마 낫다. 뭔가를 얻고 싶지만, 갈등은 피하고 싶은 것이 인간의 본성이다. 그러나 나의 이익이 남에게 손해되거나, 나의 손해가 남에게 이익되는 상황에서는 갈등을 피할 수 없다. 그래서 우리는 나에게 이익이면서 남에게 손해가 되지 않는 상황을 기대한다. 그러다 보면 결정을 자꾸 미루게 되고, 나에게 이익이 남에게도 이익이라는 착각에 빠진다. 남을 설득하면 갈등 없이 상황을 해결할 수 있다고 믿는 것이다. 그러면서 아무런 피해도 주지 않는데, 왜 상대가 내 뜻대로 따르지 않는지 이해하지 못한다. 그렇게 갈등 없는 윈-윈을 꿈꾸다가 결국 궁지에 몰린다. 그나마 선택할 수 있을 때 선택했어야 한다고 후회한다. 그때 덜 나쁜 것을 선택했거나 다르게 나쁜 것을 선택했더라면 최소한 지금보다는 나았을 것이다.

 존중받지 못하는 사람의 이유

다른 사람에게 존중받고 싶은 마음은 자연스럽고 당연한 감정이다. 대화가 원활하게 이루어지려면 상대방으로부터 존중받는다는 느낌이 필요하다. 때로는 대화의 숨은 목적이 바로 이 존중받고자 하는 마음일 때도 있다. 하지만 존중은 단순히 대화 기술로만 해결되지 않는다. 오랜 시간 상대와 교류하다 보면 상대방이 나에게 어떤 가치를 부여하는지가 드러난다. 반복적인 대화를 통해 상대가 나를 존중하는지를 알게 되고, 이는 점차 마음속에 깊이 자리 잡는다. 나를 진정으로 존중하는 사람은 대화에서도 나를 존중한다. 결국 대화로 존중을 얻는 것보다 중요한 것은 존중받는 태도와 마음가짐 자체다.

존중받으려면 능력이 필요하다

존중받는 방법은 내가 어디에서 누구에게 존중받고자 하는지에 따라 달라진다. 회사에서는 업무 능력이 뛰어나야 한다. 프로야구에서는 야구 실력이 중요하다. 재테크 모임에서는 자산이 많아야 한다. 즉 존중받기 위해서는 그 조직이나 모임에서 원하는 바를 잘해야 한다. 물론 능력이 뛰어나다고 모두가 존중받는 것은 아니기에, 잘한다는 것이 존중의 충분조건은 아니다. 그러나 적어도 필요조건임은 분명하다. 능력이 부족한데 존중받기는 쉽지 않다.

가능성을 존중받고 싶을 때는 어려움이 있다. 나만 나의 가능성을 아는 경우가 많기 때문이다. 예를 들어, 또래에 비해 잘하거나 입사 동기들보다는 잘하지만, 아직 선배들처럼 뛰어나지 않은 상태일 수도 있다. 또는 일반적인 능력이 두드러지지 않지만, 특정 영역에서 특출난 재능을 보여 가능성을 인정받는 경우도 있다. 대부분 사람들은 내가 특별히 잘한다고 느끼지 않지만 어떤 사람은 나만의 장점을 알아보고 인정하기도 한다.

문제는 아무도 나의 가능성을 알아채지 못할 때 생긴다. 나는 "할 수 있다"라고 말하지만, 상대방은 "할 수 없다"라고 반박한다. 이에 "아직 제대로 해 보지도 않았는데 네가 어떻게 아냐?"라고 묻는다. 상대방은 반대로 생각한다. "아직 해 보지도 않았는데 잘할 거라는 보장이 어디에 있냐?"라고 말이다. 이런 상황에서 특히 자신에 대한 평가가 유난히 높은 사람들이 있다. 세상은 이를 자존감이 높고 자신감이 넘친다고 표현하며, 스스로를 믿어야 한다고 격려한다. 그러나 정작 직장에서는 이런 사람을 두고 "분수를 모른다"거나, "멘털 갑이다" 또는 "현실 감각이 없다"라고 평가한다. 보이지 않는 가능성은 인정받기 어렵다. 결국 눈에 보이는 성과로 보여야 인정받는 것이다.

눈에 보이는 가치보다 눈에 보이지 않는 가치를 존중받기란 쉽지 않다. 누군가의 인정을 받으려면 결국 가치를 눈에 보이도록 가시화할 수밖에 없다. 특히 가능성을 존중받기란 더욱 어려운 일이다. 존중하지 않는 상대방의 입장도 일리가 있다.

부모와 자식 사이의 존중 문제

존중의 기준도 각자의 입장에 따라 달라진다. 자식은 부모에게 인사만 잘해도 존중한다고 생각하지만, 부모는 자식이 중요한 일을 의논하고, 자신의 뜻에 따를 때 존중받는다고 느낀다. 부모가 자식에게 존중받기란 쉽지 않다. 자식은 부모의 충고는 지나치고 유명한 사람의 조언은 귀 기울이기 때문이다. 마찬가지로 자식이 부모에게 존중받기도 어렵다. 부모는 늘 자신이 우위에 있다고 생각하며, 말로는 있는 그대로 자식을 사랑한다고 하면서도 사실은 그렇지 않을 때가 많기 때문이다. 부모는 자식이 공부를 잘하거나 직장에서 경제적 성취를 이루었을 때 인정해 준다. 반면 자식은 부모가 자신이 원하는 경제적 지원을 해 줄 때 존중하며, 그렇지 않으면 존중하지 않는다.

　부모는 그저 부모라는 이유로 자식이 자신을 존중하기를 기대하고, 자식 역시 자식이라는 이유로 부모가 자신을 존중하기를 바란다. 물론 부모가 자식을 무시하더라도 여전히 부모를 존중하는 자식이 많다. 대부분의 인간이 그렇게 태어났기 때문이다. 반대로 자식이 부모를 무시해도 여전히 자식을 존중하는 부모도 많다. 내가 자식을 있는 그대로 존중한다고 해서 자식이 반드시 나를 부모로서 온전히 받아들이는 것은 아니다. 양육 전문가들은 부모가 자식을 있는 그대로 존중하면 자식도 부모를 있는 그대로 존중한다고 주장하지만 현실은 다르다. 부모가 어려서부터 충분히 존중했음에도 자식이 성인이 된 후 부모를 존중하지 않는 경우가 허다하다. 부모가 자식을 존중하지 않는 것이 항상 자식의 잘못이 아니듯, 자식이 부모를 존중하지 않는 것이 부모의 탓만은 아니다. 선천적으로 잘 맞지 않는 사이라면 존중받기를 포기하는 편이 더 나을 수도 있다. 어차피 무시당할 바에야 나 역시 상대를 무시하는 편이 더 편할 때도 있는 법이다.

결과적으로 보면, 공부나 취직 여부와 상관없이 자식을 그 자체로 존중해 주는 편이 낫다. 다그친다고 해서 더 잘되지는 않기 때문이다. 부모가 화풀이를 하는 데는 이유가 있다. 화풀이로 스트레스를 해소하면 마음이 편해진다. 화풀이에서 오는 감정적 카타르시스와 후회로 인한 죄책감 사이에서, 사람들은 카타르시스가 주는 감정적 이익을 더 크게 느낀다. 결국 무의식적인 손익 계산에서 화풀이가 이득이기 때문에 이를 반복하게 된다.

이런 점에서 내가 화풀이하고 싶다면 자식을 다그칠 수도 있다. 그러나 다그칠수록 고통은 커지고, 다그치지 않을수록 고통은 줄어든다. 자식에게도 마찬가지다. 부모가 나이가 들면 힘의 관계가 역전되고, 어릴 적 부모에게 잔소리를 듣던 자식이 이제는 부모에게 잔소리하는 상황이 흔해진다. 그러지 말자. "건강을 챙겨라" 거나 "쓸데없는 일을 하지 마라" 혹은 "그런 사람을 만나지 마라" 같은 조언은 효과적이지 않다. 부모를 그 자체로 존중하자. 부모의 의사를 무시하며 잔소리할수록 서로의 고통은 커지고, 잔소리를 줄일수록 둘 사이의 고통도 줄어든다.

상사는 욕하지 않고 소리 지르지 않으며 존댓말을 쓰면 그것이 곧 존중이라고 생각한다. 반면 직원은 자신의 의견을 반영하는 것이 존중이라고 여긴다. 이렇게 서로 존중의 기준이 다르다. 그런 점에서 서로 존중하지 않아도 되는 관계, 적당히 무시해도 되는 관계는 참으로 자유롭다. 적당히 무시하면서도 친하게 지낼 수 있는 유일한 관계가 바로 친구다. 서로 놀리다가 다투기도 하고, 때로는 툴툴거리면서도 웃어넘길 수 있는 사이가 친구다. 물론 그런 관계가 아닌 경우도 많지만, 서로 무시하면서도 즐거울 수 있는 것이 친구 관계의 특징이다. 이러한 무시가 때로는 싸움의 원인이 될 수 있어 꼭 긍정적인 것만은 아니다. 그러나 친구 사이에서는 굳이 서로 존중받으려는 마음조차 필요 없다. 단지 서로 좋아서 함께 시간을 보내는 것으로 충분하다.

과도한 존경 욕구, 자기애성 인격 장애

입장과 상관없이 본인이 무조건 존중받아야 한다고 생각하는 사람들도 있다. 이 경우는 두 가지로 나눌 수 있다. 하나는 "나는 너를 무시해도 너는 나를 무조건 존중해야 한다"라는 마음으로 '자기애성 인격 장애'가 이러한 특징을 보인다.

타인에게 공감을 못하거나 누군가를 이용하는 행동이 있으면 자기애성 인격 장애라고 한다. 이기적이라는 말이 자기애와 동일시되기도 한다. 하지만 자기애성 인격 장애의 핵심은 다른 사람들이 모두 자신을 존경해야 한다는 믿음이다. 자신은 누구나 무시할 수 있지만, 반대로 특정 사람만이 아니라 세상 모든 사람에게서 존경받아야 한다는 확신을 갖고 있다. 무한한 자존감을 지닌 듯 보이며 세상에서 자신이 가장 뛰어나다고 여긴다.

그래서 자기애성 인격 장애가 있는 사람들은 흔히 갑질을 하곤 한다. 그들에게 갑질은 자신이 충분히 존중받지 못했기 때문에 나오는 행동으로 보인다. 이들은 특별 대우를 받지 않으면 곧바로 무시당한다고 생각하기 때문에, 아무리 노력해도 존중받는다는 느낌을 주기 어렵다. 결국 이러한 사람들과는 거리를 두는 것이 현명하다.

자기애성 인격 장애를 가진 사람은 심지어 숭배를 강요한다. 문제는 사람들에게 숭배받을 만한 특별한 장점이 없더라도 그런 대우를 요구한다는 점이다. 만약 어떤 사람이 숭배받을 만한 능력이 있고 그 능력에 걸맞는 대접을 원한다면, 이는 능력에 따른 인정 욕구일 뿐이다. 하지만 자기애성 인격 장애는 실질적인 성취와는 무관하게 이러한 존경을 요구한다. 예를 들어, 도널드 트럼프가 자기애성 인격 장애로 진단되지 않는 이유는 그의 성공이 실제 성취로 뒷받침되었기 때문이다. 즉 트럼프가 미국 대통령이 아니면서 모든 사람이 자신을 미국 대통령처럼 숭배하기를 바란다면 자기애성 인격 장애에 해당한다. 그러나 그가 미국 대통령이 되었기 때문에, 그는 매우 이기적이고 충동적이지만 자기애성 인격 장애라고는 할 수 없다. 만약 그가 성공하지 못했더라면, 즉 대통령이 되지 못했더라면, 이러한 과도한 존경 요구는 자기애성 인격 장애로 여겨질 수도 있었을 것이다.

존경받는 삶에 강박관념이 있는 사람

다른 하나는 "나도 너를 무조건 존중할 테니, 너도 나를 무조건 존중하기를 바란다"라는 마음으로 도덕적 강박을 지닌 사람에게서 자주 나타난다.

존중을 넘어 사람들로부터 존경받는 삶을 살고 싶어 하는 사람이 있다. 이런 사람은 때때로 도덕적 결벽증을 지닌 듯 보인다. 이들은 최선을 다해 완벽하게 행동하려 노력하며 다른 사람들이 자신을 인정해 주기를 바란다. 그러나 자신은 나름 완벽히 해냈다고 생각하는데 정작 덜 노력한 사람이 더 좋은 결과를 얻는 상황을 보면 불공평함에 화가 나곤 한다. 자신만 제대로 하고 있는 반면 남들은 대강 하는 것처럼 느끼는 것이다.

이들은 옆에서 "그렇게까지 할 필요 없다"라는 말을 들으면 자신을 이해해 주지 않는다고 느낀다. 내심 자신이 존경받을 만한 사람이라고 생각하며, 그 이미지를 유지하기 위해 현재의 도덕적 강박을 계속 이어 간다. 스스로에게나 타인에게나 기준이 매우 높고, 이러한 도덕적 결벽에서 오는 손해조차 결국 사회로부터의 존경을 통해 보상받을 수 있다고 믿는다. 그러나 문제는 이러한 기대가 결국 자신의 착각에 불과할 때다. 물론 도덕적 강박을 견딜 힘이 있고 이를 타인에게 강요하지 않는다면 각자가 원하는 대로 살아갈 권리가 있다. 다만 타인이 도덕적으로 완벽하지 않다고 해서 비난하지는 않아야 한다.

소탐대실해도 괜찮아

일상에서 평범한 사람처럼 살아가는 자신을 부끄러워하면서 스스로 도덕적이지 않다고 자책하는 사람들도 있다. 이들은 자신의 대범하지 못한 모습, 비겁한 모습, 치사한 모습을 싫어하며, 이상적인 자아와 현실적인 자아 사이의 간극에서 고통을 느낀다. 이런 사람들에게는 "소탐대실小貪大失해도 괜찮고, 때로 비겁하거나 치사해도 된다"라고 전해 주고 싶다.

우선 소탐대실이 때로는 현명한 선택일 수 있다. 눈앞의 확실한 작은 이익이 미래의 막연한 큰 손해보다 중요할 때가 많다. 미래는 불확실하지만 현재의 이익은 확실하다. 예를 들어, 지금 당장 100퍼센트 확률로 100만 원을 얻을 수 있다면, 이를 챙기는 것이 합리적이다. 이 선택으로 인해 10년 뒤 1퍼센트 확률로 1억 원 손해를 볼 가능성이 있다 해도, 이 1퍼센트 확률을 적용해 계산해 보면 실제 기대 손실은 100만 원이다. 얼핏 보면 1억 원이라는 큰 손해를 감수해야 할 것 같지만, 확률을 고려하면 실질적인 손해는 현재 얻을 수 있는 이익과 같으므로 지금의 선택이 더 낫다.

인간관계도 마찬가지다. 사람의 마음만큼 잘 변하는 것도 없다. 지금 아무리 친하게 지내도 시간이 지나면 관계가 어떻게 변할지 알 수 없다. 억지로 맺은 관계가 오래가는 법은 드물다. 마찬가지로 먼 미래를 생각하며 현재를 희생하는 것도 별 의미 없다. 부모와 자식 관계도 그렇다. 자식의 미래를 생각해 매일 공부하라고 닦달해도, 자식이 대학에 잘 갈 확률이나 좋은 직장에 취직할 확률이 크게 오르지는 않는다. 지금 함께 웃고 즐겁게 지내는 것이, 서로 기분 상하지 않게 지내는 것이 더 중요하다. 부모도 한때는 자녀였고 그 시절 부모님의 기대와 닦달 속에 자랐다. 하지만 막상 지금을 돌아보면 부모의 뜻대로 된 것이 많지 않았을 것이다. 마찬가지로 지금의 자녀도 부모의 뜻대로 되지 않는 것이 자연스럽다.

직장에서도 상황은 마찬가지다. 상사와 원활한 소통을 위해 나의 감정을 많이 억눌렀고 잘 지내려고 애썼다. 그 상사에게 줄을 대고 싶었지만 얼마 지나지 않아 상사가 퇴사했다. 결국 헛수고한 셈이다. 이 회사에서 오래 일하고 싶어 모든 사람과 잘 지내기 위해 몇 년간 참아 왔는데 회사가 문을 닫은 경험도 있다. 대한민국 중소기업의 평균수명이 얼마나 되는지 한번 검색해 보라. 내가 몇 년간 참고 일한 회사가 문을 닫을 확률이 그리 낮지 않을 것이다. 그러니 때로는 소탐대실해도 괜찮다.

부모처럼 끊으려야 끊을 수 없는 관계도 아니고, 직장처럼 생계가 걸린 관계도 아닌 경우라면 소탐대실이야말로 지혜다. 사람들이 이를 비난하는 이유는 사실 그것이 옳기 때문이다. 누군가가 소탐대실했을 때 자신이 손해를 본다고 느끼기에 우리는 남을 탓한다. 주변 사람들이 소탐대실하지 않는다면 결국 내가 그로 인해 이익을 얻기 때문이다.

비겁하고 치사해도 괜찮아

치사해도 괜찮다. 자기 이익을 먼저 생각하면 그런 소리를 듣기 마련이다. 모두가 싸울 때 혼자 뒤로 물러서면 비겁하다고 한다. 그러나 어쩌면 세상에는 치사한 것도 비겁한 것도 없을지 모른다.

누군가 나에게 음식을 나눠 주지 않고 혼자 먹을 때 나는 치사하다고 생각하고 그 행위에 윤리적인 의미를 덧붙여 비난한다. 하지만 사실 내가 먹는 만큼 상대방은 덜 먹게 되니 나 역시 이기적인 셈이다. 반대로 누군가 나에게 음식을 나눠 줬다면 어차피 다 먹지 못할 만큼 충분히 가져서일지도 모른다. 그 사람은 치사하지 않다. 또 어떤 이는 여유가 없기에 나눠 주지 못했을 수 있다. 우리는 그를 치사하다고 생각하지만 실은 그 사람도 자신에게 충실했을 뿐이다.

비겁해도 괜찮다. 모두가 화가 나서 함께 싸우기로 했다. 하지만 싸우면 틀림없이 질 상황이다. 그래서 슬쩍 빠진다. 주변에서는 비겁하다고 떠들지만 싸움의 상대방 입장에서는 오히려 나는 치사하지 않다. 오히려 제대로 판단한 사람으로 여길 것이다. 이길지 질지 애매한 상황에서 다칠 가능성이 높다면 빠지는 것도 현명한 선택이다. 상대방 입장에서는 불필요한 충돌을 피하게 해 준 고마운 사람일 수 있다.

존중에 매이지 않는 자유

사실 존중받고 존경받는 것도 일종의 운이다. 어떤 사람은 오히려 아무것도 하지 않아서 존경받기도 한다. 유명한 인물이 수행원 없이 다니면 겸손하게 보이지만, 단지 혼자 있는 것이 더 편해서일 수도 있다. 워런 버핏이 구두를 바꾸지 않는 것도 단지 귀찮아서일 뿐인데 사람들은 그를 존경한다. 유명인이 스스로를 못났다고 하면 겸손하다고 여겨지지만 사실 자존감이 낮아서일 수도 있다. 훌륭한 사람이 자존감이 낮으면 오히려 겸손하다고 존경받는 것이다.

억지로 존중받으려 하거나 존경받으려 애쓰지 말자. 나도 남을 존중하고 남도 나를 존중하는 삶은 이루어질 수도, 그렇지 않을 수도 있다. 반면 나도 남을 므시하고 남도 나를 무시하는 삶은 언제나 가능하다. 어쩌다 운이 좋으면 존중받을 수 있는 날이 올지도 모른다. 마찬가지로 나도 남을 특별하게 여기지 않고 남도 나를 특별하게 여기지 않는 삶은 확실히 이루어질 수 있다. 운이 좋다면 그 속에서도 존경받을 수 있을 것이다.

나가는 글

 소통은 원인이 아니라 결과다. 소통이 잘되어서 관계가 좋은 것이 아니다. 회사가 잘 운영될 때는 보통 사장과 직원의 소통도 잘 이루어질 가능성이 높다. 사장 입장에서도 굳이 직원과 갈등을 만들고 싶지 않다. 직원 입장에서도 미래의 보상을 기대하면서 현재를 참을 수 있다. 계속 돈이 잘 벌리고 잘되는 회사에서는 굳이 소통이 필요하지 않다. 월급이 곧 소통이기 때문이다. 월급이 오르는 만큼 회사는 나를 귀하게 여기는 것이다. 말로 소통하지 않아도 회사에서 내가 얼마나 중요한지가 월급이라는 메시지를 통해서 전달된다.
 부모와의 소통이 잘되어서 자녀가 공부를 잘하는 것이 아니다. 자녀가 공부를 잘하면 부모는 알아서 자녀가 하자는 대로 한다. 소통이 원활하다. 문제가 없으니 부모는 소통의 필요성을 느끼지 않는다. 부모가 간섭하지 않으면 자녀도 소통할 건수가 없다. 모든 일이 잘 풀릴 때는 소통이 필요 없다. 그냥 물 흐르듯이 흘러가면 된다.

소통은 어떤 점에서 협상과 유사하다. 협상의 당사자는 모든 것이 거의 다 결정된 후 최종적으로 테이블에 앉게 된다. 제한된 폭 안에서 이렇게 할지 저렇게 할지 협상한다. 이런 제한된 협상의 폭을 '합의 가능 영역 Zone Of Possible Agreement' 또는 '흥정 영역 Bargaining Zone'이라고 한다. 줄여서는 죠파 ZOPA라고 한다. 이 선을 넘어가면 협상이 결렬되는 것도 서로 예상한다. 때로는 결렬되는 것처럼 보일 때도 있다. 그러나 2차, 3차 협상을 염두에 두고 적절한 선에서 짜고 치는 고스톱처럼 서로를 비난하며 결렬되는 경우가 대부분이다.

협상에서 흔히 쓰이는 또 다른 용어로 배트나 BATNA가 있다. Best Alternative To a Negotiated Agreement의 약자다. 협상이 결렬되었을 때 좋은 선택지가 많을수록 협상에 유리하다는 뜻이다. 실제로 협상이 깨져도 타격을 덜 받는 쪽에 유리하게 협상이 이루어지게 마련이다. 많은 경우 협상은 요식행위에 불과하다.

소통도 마찬가지다. 소통이 어떻게 흘러갈지는 이미 상당

부분 결정된 상태다. 그렇기 때문에 소통의 기대치를 줄이는 것이 나을 수도 있다. 무언가 잘되었을 때 소통이 잘되어서라고 자랑하지 말고, 무언가 안 되었을 때 소통이 안 되어서라고 자책하지 말자. 소통을 못한다고 해서 열등감을 지닐 필요도 없다.

우리 모두는 자신이 처한 입장에서 제일 완벽한 소통을 상대방과 하고 있다. 남들은 나에게 "이렇게 해라", "저렇게 해라" 하지만 사실 그들도 내 입장이 되면 별수 없다. 세상에는 그렇게 대단한 사람이 없다. 나와 똑같은 환경에서 성장해서 나와 똑같은 상황에 처한 이는 다 나와 비슷하게 생각하고 행동한다.

그런 의미에서 그냥 지금까지 하던 대로 누군가와 소통하고, 세상과 소통하는 것도 한 방법이다. 바꾼다고 해서 삶이 크게 달라지지 않는다. 상대에게 모든 것을 양보한다고 해서 상대방이 나를 더 좋아하게 되지도 않고, 내가 하고 싶은 대로 한다고 해서 상대방이 나를 더 미워하게 되는 것도 아니다.

그냥 그렇게 살아가는 것이 인생이다.

말하지 않고 이기기로 했다

초판 1쇄 발행일 2025년 7월 25일
초판 2쇄 발행일 2025년 9월 15일

지은이 최명기

발행인 조윤성

편집 김예린 **디자인** 정은경 **마케팅** 김진규
발행처 ㈜SIGONGSA **주소** 서울시 성동구 광나루로172 린하우스 4층(04791)
대표전화 02-3486-6817 **팩스(주문)** 02-598-4245
홈페이지 www.sigongsa.com / www.sigongjunior.com

이 책의 출판권은 ㈜SIGONGSA에 있습니다. 저작권법에 의해
한국 내에서 보호받는 저작물이므로 무단 전재와 무단 복제를 금합니다.

ISBN 979-11-7125-844-4 (03190)

*㈜SIGONGSA는 시공간을 넘는 무한한 콘텐츠 세상을 만듭니다.
*㈜SIGONGSA는 더 나은 내일을 함께 만들 여러분의 소중한 의견을 기다립니다.
*잘못 만들어진 책은 구입하신 곳에서 바꾸어 드립니다.

WEPUB 원스톱 출판 투고 플랫폼 '위펍' __wepub.kr
위펍은 다양한 콘텐츠 발굴과 확장의 기회를 높여주는
SIGONGSA의 출판IP 투고·매칭 플랫폼입니다.